Charlotte Hofmann-Hege

Spielt dem Regentag ein Lied

Charlotte Hofmann-Hege

Spielt dem Regentag ein Lied

Quell

Für Dorli
und ihre Schwestern

ISBN 3-7918-2232-2

1. Auflage 1995
Umschlagbild: Fritz von Uhde, Das Kinderzimmer, 1889, Kunsthalle Hamburg.
Umschlagfoto: Fotowerkstatt Elke Walford.
Umschlaggestaltung: Otfried Kegel
Gesamtherstellung: Maisch & Queck, Gerlingen

Inhalt

Dorli

Unbekümmert lebt Dorli in das zur Neige gehende zwanzigste Jahrhundert hinein. Sie ist ein ganz normales Kind. Manchmal hüpft sie, sprühend vor Lebenslust, über alle Wege. »Ich freu mich, ich freu mich!« Und wenn man dann forscht: »Warum freust du dich denn, Dorli?«, singt sie weiter: »Weiß nicht, weiß nicht!«

Doch zuweilen bemerken die Eltern, wie dieses nach außen so heitere, urwüchsige Kind mitten aus der Versunkenheit in ein Spiel lauschend das frische, wandlungsfähige Gesichtchen hebt und mit seltsam wissendem Ausdruck sagt: »Hat da nicht soeben jemand geweint?« Dieses Vorverständnis vom Leid in der Welt ist Dorli angeboren. Und die warmherzige Art, mit der sie die verschiedensten Töne, die hellen und die dunklen, zu einer immer wieder harmonischen Lebensmelodie zusammenfügt – diese zuversichtliche Weise ist nun doch etwas Besonderes, das erzählt zu werden verdient.

Wir Erwachsene sind in unserer sich rasch verändernden Welt unsicher geworden. Darum nimm uns ein wenig an der Hand, Dorli, von deinen ersten Schritten an! Ich bin gewiß, wir werden das wahre Lächeln wieder lernen, ein getröstetes Lächeln. Und wir werden wieder begreifen, daß es sich lohnt, das Leben zu lieben.

Kleine Schritte

Dorlis erster Geburtstag! In ihrem Paidibettchen unter der Birke vor dem alten Pfarrhaus steht die kleine Majestät und winkt mit braungebrannten Händchen und munteren Augen über den Gartenzaun hinweg huldvoll auf die Straße. Dorli ›fremdelt‹ nicht, sie kennt keine Furcht vor neuen Gesichtern. Der weite rote Rock schwingt im warmen Wind wie eine Sommerblume. Die Vorübergehenden, alte und junge Leute aus dem Dorf, grüßen scherzend zurück.

Doch nun fällt ein Schatten über das Bettchen. Eine Nachbarin erklärt der Mutter, daß ihr eigenes Töchterchen, erst zehn Monate alt, schon fast selbständig gehe. Es sei überhaupt viel weiter in der Entwicklung als Dorli.

Wie leicht lassen Mütter sich beunruhigen! Die Nachbarin hat wohl recht: Regine, Dorlis ›große‹ Schwester, konnte vor drei Jahren an ihrem ersten Geburtstag ebenfalls schon selbständige Schritte machen. Gibt man sich mit dem allezeit strahlenden, genügsamen Dorli zu wenig ab? Wie Schuppen fällt es der Mutter von den Augen: Dorli ist wirklich ein Dummerle, sie kann noch gar nichts außer Lachen und Schmusen; aber damit kommt man nur unter ausnahmsweise günstigen Bedingungen durchs Leben.

Warum soll Dorli nicht gehen können?

Sie hat kräftige Beinchen, und heute trägt sie sogar die ersten festen Schuhe. Gewiß ist sie nichts weiter als ein Faulpelz oder ein Angsthase.

Aufmerksam folgt das Kind den Bewegungen der Mutter, als es nun aus dem Bettchen gehoben und auf das Pflaster vor dem Haus gestellt wird. Offenbar weiß es, was man von ihm erwartet. Die Mutter reicht ihren Zeigefinger als Stütze: »Wir marschieren, Dorli. Auf, nicht träge sein!«

Die Kleine gibt sich ehrliche Mühe. Jeder Schritt ist eine Tat. Aber der Seemannsgang gerät immer ausladender, und endlich verliert das winzige Wesen sein Gleichgewicht, läßt Mutters Zeigefinger los und setzt sich mit schäkerndem Gelächter – mitten auf den sandigen Hof. Dorli besitzt eine glückliche Eigenschaft, die sich sehr früh zeigt: Sie kann über sich selbst lachen.

Schalkhaft blickt sie zur Mutter empor. ›Ich werde nicht laufen, denn die Zeit dafür ist noch nicht reif. Ich habe nach dem Gesetz zu handeln, das in mir wohnt. Und keine noch so ehrgeizige Mutter wird mir je ein anderes Gesetz aufzwingen können. Hast du das verstanden?‹

›Gewiß, Dorli‹, für diesmal wenigstens hat es die Mutter verstanden.

Und so gehen die Wochen dahin. Der Sommer gleitet in den Herbst hinüber. Man will es nur noch nicht wahrhaben, wenn die Sonne golden über dem leise welkenden Garten draußen vor dem Dorf liegt. Letzte Tomaten glänzen an den verdorrten Stökken, die Mutter sammelt sie in den Korb. Und auch die grünen nimmt sie ab, denn das sinkende Jahr schenkt ihnen keine Reife mehr. Drüben, einige Meter entfernt, sitzt Dorli auf dem Rasen. Sie sollte auf dem ausgebreiteten Teppich unter dem Apfelbaum sitzen, aber sie hat ihn verlassen und krabbelt im Gras herum.

Wahrscheinlich könnte sie inzwischen längst alleine gehen. Doch sie wagt es nicht. Und in dieser Stunde kann sich die Mutter keine Zeit nehmen, es aufs neue mit ihr zu versuchen. So kriecht Dorli bald hierhin, bald dorthin, schließlich streckt sie verlangend ihre Händchen aus. »Ma-ma.« Die Mutter nickt nur freundlich und versteht nicht, daß eine Riesenstrecke rauhen Gartenweges zwischen ihnen liegt. Dorli kann nicht kriechen auf solchem Boden; er tut weh.

Da geschieht es. Schwankend gehorchen die kleinen Füße. Ein Schritt, zwei Schritte. »Ma-ma.« Verlorenes Gleichgewicht. Aber unnachgiebig rafft sich das Kind wieder auf. Drei, vier selbständige Schrittchen, und dann – ein Jauchzen, selig, befreit, beredter als tausend Worte: ›Ich kann gehen. Seht, endlich habe ich meine Angst überwunden.‹

Mutters Rechenstiel kommt hilfreich entgegen, Dorli kann sich notfalls anklammern, bis die große Gartenschürze als solider Halt erreicht ist.

Und jetzt suchen Mutter und Kind zusammen ein Stück ebenen Weges, und Dorli darf laufen, immer in Mutters Kuckuckshaus hinein. Auf einmal jedoch drängt es diese, ihr kleines Mädchen hoch in die Luft zu schwingen und über sich zu halten. Verwundert schauen die großen Kinderaugen aus der Vogelperspektive auf das nahe mütterliche Gesicht herab. Das Feuchte an den Augen – was ist das? Mutter sieht doch so fröhlich aus. Tränen?

›Ja, beinahe, verzeih, Dorli. Denn wieder steht ein Mensch auf eigenen Füßen. Der erste Schritt ins Erwachsenwerden ist getan. Das ist etwas Großes, auch wenn es jeden Tag auf der Welt tausendfach geschieht. Viele, viele Schritte verschiedener Art werden diesen, deinen ersten, nun folgen. Aber nie wird die Sehnsucht ganz in dir erlöschen, deine Schritte, so wie heute, in Mutterarmen beschließen zu dürfen.‹

Die himmlischen Haarscheren

Was sind Traumata?

Seelische Verwundungen, behauptet das Lexikon.

Aber wie, wo, wann erlitt Dorlis zweijährige Seele ausgerechnet durch eine Schere solch ausgeprägte Verwundungen? Die zaghaften ersten Schritte des vergangenen Herbstes haben sich längst in ein kometenhaftes Sausen verwandelt, zudem kann das Kind seine Wünsche bereits recht anmutig äußern. Andererseits gelingt es ihm ebenso trefflich, unangenehmen Dingen aus dem Weg zu gehen. Frau Waschlappen ist beispielsweise eine höchst aufdringliche Person, ebenso Frau Bürste, besonders jedoch Herr Kamm. Aber wenn auch die Mutter jeweils morgens und abends eine muntere Hetzjagd durch sämtliche Zimmer veranstalten muß, um ihr quecksilbriges Kind ans Waschbecken zu bringen, so ist dies doch nichts Außergewöhnliches.

Traumata sind etwas anderes.

An Dorlis zweitem Geburtstag nämlich hat der Vater beschlossen, ihre ins Ungeheuerliche wachsende Haarflut zu kultivieren. Er holt sich zu diesem Zweck den Klavierstuhl, nimmt das Kind zwischen seine Beine, hält die lebhaften Hände mit einem Fingerspiel gewandt in den seinigen, während die Mutter sich vorsichtig mit der Schere nähert. Doch noch ehe sich Dorli von der Schmerzlosigkeit dieser Prozedur überzeugen kann, schreit sie wie am Spieß. Ein reines Vorurteil natürlich – oder eben ein Trauma. Sie stampft, kratzt, beißt, reißt sich los und versteckt sich. Auch am anderen Tag. Und am übernächsten. Sie findet Verstecke, zu denen kein Erwachsener gelangen kann: unter den elterlichen Betten etwa. Notfalls bleibt sie stundenlang dort unten, bis die Luft wieder rein und ungefährlich erscheint. Wochenlang scheitern alle Versuche kläglich. Vaters zerbrochene Autorität findet kein anderes Resultat als dieses: »Wenn wir so weitermachen, bekommen wir es mit dem Kinderschutzbund zu tun. Aber ›der Zahn der Zeit, der schon so manche Träne getrocknet hat, wird auch über diese Wunde Haare wachsen lassen‹!«

Der Zahn der Zeit läßt sie wachsen. Wenige Minuten nach der allmorgendlichen Frisierschlacht, wenn alle Spangen und Klämmerchen dank Dorlis intensiver Nachhilfe das Haar wieder verlassen haben, sieht sie jedesmal aus wie der leibhaftige Winnetou en miniature.

Will sie der Außenwelt einen Blick zukommen lassen, dann hilft sie sich mit Blasen. Und man ist immer wieder verblüfft, unter der wilden Haarfülle, für Sekunden wenigstens, ein allerliebstes, hellwaches Kindergesicht hervorlugen zu sehen.

Monat um Monat vergeht. In der Adventszeit meint Regine: »Bis Weihnachten ist Dorli vollends zugewachsen, dann kann sie nicht mal den Christbaum sehen.« Schonend geben Tanten und Onkels den Rat, es doch einmal mit dem gewandten Friseur Trittelfitz zu versuchen, der unten im Nachbarhaus seinen Salon eingerichtet hat.

»Bitte«, sagt die Mutter. »Aber ohne mich. Ich spendiere anschließend eine Flasche Sekt. Oder *zwei* Flaschen Sekt. Und noch ein festliches Abendessen mit Kerzenbeleuchtung.«

Die Spendenankündigung war nicht riskant. Gesund und unbeschnitten läuft Dorli auch nach der Verwandtenfürsorge durch die Adventswochen. Die Eltern trösten sich: Irgendwann wird sie vernünftig, außerdem werden wilde Haare immer moderner. Und im Winter bleiben die Ohren vor Erkältungen geschützt.

Am Heiligen Abend, als die Kinder, müde vor Freude, endlich im Bett liegen, wird die Mutter blitzartig mit einer Idee beschenkt. Nachdem das Weihnachtszimmer mit seinen Puppen und Spielsachen einigermaßen in Ordnung gebracht ist, sieht sie nochmals nach den tief schlafenden Kindern. Aber selbst im Schlaf bläst Dorli sich die dichten Haare von der Nase. Sie leidet, aber ihre Kinderseele findet keinen Ausweg aus dem Dilemma. Da kommt die Erleuchtung. In diesem ersten Schlaf kann man Dorli stehlen. Kann man ihr vielleicht auch ganz, ganz behutsam die Haare stutzen?

Unter Vaters Assistenz tut die Mutter leise Schnitt um Schnitt. Das Kind rührt sich nicht. Die Fülle lichtet sich. Man kann die Kleine sogar aufrichten, ohne daß sie zu sich kommt. Bald liegt ein vom Sommer her noch dunkelhäutiges kleines Mädchen mit zarter weißer Stirn im frisch gerichteten Bett. Bewundernd stehen Vater und Mutter über die Kissen gebeugt. Es ist, als sähen sie ihr hübsches Kind zum erstenmal, und das ist nicht einmal unrichtig. Es ist geradezu eine Art Weihnachtsgeschenk.

Am nächsten Morgen befördert, wie immer, Dorlis Stimme die Eltern langsam aus des Schlafes Armen in ihre Lebenswirklichkeit zurück. Es ist der festliche Auftakt für den Tagesbeginn. Zuerst erhebt sich Dorli unhörbar, und über das Leintuch streichend, überzeugt sie sich stolz von dessen

Trockenheit, stellt sich dann, wie ein Kapitän an den Bug seines Schiffes, zur Stirnseite ihres Bettchens und ruft: »Aufdewacht, sag ich! Achbumm, fattich, los! Aufdewacht!«

Wie ist dieser Weihnachtsmorgen aber so seltsam! Der Schleier vor den Augen ist weg, das Blasen sinnlos – die Sicht ist frei. Erstaunt greifen Dorlis Hände auf den Kopf. Und dann dämmert ihr eine selige Erkenntnis: Es ist Weihnachten, da sind die Engel unterwegs. »Ein Engel, o Mama, ein Engel!« Das heißt in der Erwachsenensprache: Die himmlischen Haarscheren sind zu mir herabgekommen, die Engel haben mir heimlich mein Haar geschnitten. Ich bin befreit von dem schweren Makel, der auf meiner Person lastete. »Liebs, liebs Engele! Danke, danke!«

Ja, ja, die himmlischen Haarscheren. Sie sind nicht aus Stahl, sondern aus Sternenstrahl. Noch manches Jahr wird Dorli in Dankbarkeit ihrer gedenken, und es ist der erste biblische Satz, den sie mit der Seele begreift und den sie ein Jahr später jubelnd verkündet: »Alseball war da bei dem Engel die Menge der himmlischen Haarscheren, die lobten Dott und sprachen: Ehre sei Dott in der Höhe, und Friede auf Erden, und den Menschen ein Wohldefallen.«

Der erste Blick

Auch weiterhin greifen die himmlischen Haarscheren erfolgreich in Dorlis Haarschopf ein. Aber nun kommt sie in ein Stadium, da sie außerdem noch aller himmlischen Heerscharen bedürfte, denn ein einziger Schutzengel genügt bei diesem impulsiven Kind nicht.

Der Samstagnachmittag, von dem zu erzählen ist, läßt sich zunächst sehr sanft und friedlich an. Dorfstraßen und Plätze sind sauber gefegt; mit ersten Frühlingssträußchen kehren die Dorfbewohner von ihren

Gärten zurück. Die schräge, fast schon abendliche Sonne legt ihren Glanz über die alten Dächer. Es ist eine gute Stunde, die ganz ungefährlich aussieht.

Die Mutter überlegt. Vor dem Abendbrot könnte es eben noch reichen, in der Kirche die Lieder für den morgigen Orgeldienst zu üben. Regine ist zwar mit einer Freundin bei der allwöchentlichen Puppenparade, und der Vater sitzt über seiner Predigt. Kann man das zweieinhalbjährige Dorli trotzdem im Hausgärtchen beim Sandkasten allein lassen? Seit einigen Tagen bringt sie nämlich den Riegel des Gartentürchens auf; auch versteht sie gewandt über den Zaun zu klettern. Dahinter aber kommt die Straße. Die gefahrvolle Straße, auf der gerade am Samstagnachmittag die Halbwüchsigen ihre kleinen Krafträder starten und die frisch geprüften Führerscheinbesitzer ihre ersten Künste erproben. Begreift Dorli, daß sie nicht allein über die Straße gehen darf? Wie jedes Kind in dieser Entwicklungsstufe ist sie ein Augenblicksmensch. Wenn etwas ihre Neugier fesselt, versinken alle Ermahnungen.

Die Mutter hebt Dorli in den Sandkasten. Was sollen diese übertrieben ängstlichen Gedanken? Zuweilen muß man einfach ›wild‹ vertrauen.

Vernünftig läßt sich das Kind erklären, daß die Mutter nur rasch in die Kirche geht, daß man ihr Orgelspiel hören kann und daß Dorli dableiben soll, bis die Mutter wiederkommt. In verstohlenem Stolz wiederholt sie die ihr anbefohlenen Worte: »Sön im Sand spielen. Nich Straße gehen. Auto bös. Winke, winke, Mutter!«

Beruhigt setzt sich die Mutter auf der Orgelbank zurecht, schaltet das Gebläse ein, zieht die Register und beginnt zu üben. Aber zwischen jeder Übung verstummt sie und lauscht. Solange Mütter kleine Kinder haben, besitzen sie sieben Ohren, und sie brauchen alle; selbst die himmlischen Heerscharen sind dann ohne Mithilfe der Mütter entschieden überfordert.

Plötzlich hört sie – nein, es ist keine Täuschung – sie hört eine dünne Kinderstimme: »Mutter, bist du da?« Und schon trippelt etwas durch die offene Kirchentür. Im einfallenden Licht steht Dorli und ruft noch einmal: »Mut-ta!«

Sie war also nicht gehorsam. Und man kann sie kaum dafür verantwortlich machen, trotz des Dressuraktes. Immerhin kam sie ohne Schaden über die Straße. Klein, ratlos und verloren steht sie zwischen den hohen Kirchenbänken, die ihr jede Sicht, auch zur Mutter auf die Orgelempore, verwehren.

Was wird nun geschehen? Mit wenigen Schritten wird Dorli zum Mittelgang gelangen, der den Blick zum Altar freigibt. Dort hängt der fast lebensgroße Kruzifixus, den Dorli noch nicht gesehen hat. Die Mutter weiß es noch genau von Regine: der Anblick ist nicht gut für so kleine Kinder. Unmöglich, daß Dorli hier schon Bild und Wirklichkeit trennen kann. Sie wird ein Grauen bekommen vor den blutenden Wunden, die ein frommer, alter Künstler drastisch naturgetreu geschnitzt und gemalt hat.

»Bleib stehen, Dorli, die Mutter kommt!«

Es ist zu spät. Die emporgehobenen Ärmchen sinken herab, das frohe Gesicht erblaßt; in heftigem Erschrecken weicht das Kind zurück. »Lieber Heiland, o das tut dir weh!« stammelt es.

Wie gut, daß die Mutter endlich ganz nahe ist. Ein Bildnis? Hier ist Wirklichkeit, ewige Gegenwart – und kein Trost vermag die Kinderseele zu erreichen.

Wenigstens kann man sich in den Mutterarmen verstecken, wenigstens fühlt man Wärme und Nähe. Man kann das verzweifelte Aufschluchzen in ihre Schultern hineindrücken, bis das Erschrecken still geworden ist und statt dessen mit einem Male ein unendliches, alles überflutendes Mitleiden aufbricht.

Während nun die Mutter mit dem Kind vorsichtig nähertritt, um ihm für immer den Stachel der Angst vor dem Christusbild zu nehmen, geschieht eine Art Wunder: die weiße Wolke, die sich vor die Abendsonne geschoben hat, weicht. Ein letzter goldener Strahl trifft das Antlitz des Gekreuzigten. Da sich diese Verwandlung an jedem sonnigen Abend vollzieht, ist sie für die Mutter nicht neu. Aber Dorli erblickt zum erstenmal das lebensvolle, befreite Lächeln unter der Dornenkrone. Da kann sie das Zittern überwinden, streckt sich auf den Armen der Mutter dem Gekreuzigten entgegen und streicht mit heißen Händchen über das kühle Holz. »Heile, heile Segen! Tut nimmer weh.«

So ihr nicht werdet wie die Kinder...

Der Tulpenkorb

Der Frühlingsabend versinkt hinter den Bäumen. Für die Eltern ist er besonders schön, weil sie ihre beiden Töchter zum erstenmal guten Gewissens eine Stunde allein lassen können. Auch Dorli hat glaubhaft versprochen, nicht aus dem Bett zu steigen, sondern sofort einzuschlafen.

Arm in Arm wandern die Eltern durch den Abend, draußen im Garten vor dem Dorf. Die Mutter hat eine Überraschung für den Vater: Aus den Tulpenzwiebeln, die sie sich im Herbst heimlich vom Haushaltsgeld abgezwackt hat, sind nun viele prächtige Blumen gewachsen. Zwar haben sich die Kelche in der Abendluft schon geschlossen, aber morgen vormittag werden sie voll erblüht sein. Dorli und Regine, die keine Ahnung von dem Blumenwunder haben, werden vor Jubel außer sich geraten. Dorli erlebt in diesem Jahr sowieso erstmals bewußt den Frühling. Gestern erst hüpfte sie jauchzend von Gänseblümchen zu Gänseblümchen. Wie zufällig sollen beide Kinder morgen vor das Beet geführt werden.

Welch einmaliges Wunder der Blüte, in jedem Frühling wieder neu wie am ersten Schöpfungstag!

Aber das einmalige Wunder bricht gewaltsamer über die Familie herein, als die Mutter plante. Kaum hat sie am anderen Morgen mit dem Abräumen des Frühstücks begonnen, um anschließend sich selbst und die Kinder für den Garten fertig zu machen (auch der Vater hat seine Anwesenheit zugesichert), kaum hat sie sich überlegt, wohin ihre Töchter ausgerechnet heute entwischt sein könnten, denn man hört sie nirgends – da erscheint Dorli unter der Küchentür. In den Händen schleppt sie einen Henkelkorb, bis zum Rand gefüllt mit Tulpenblüten.

Ihr Gesicht glüht vor Entzücken.

»Von *unserem* Darten«, flüstert sie ehrfürchtig. »Für dich. Ganz allein von mir für dich!«

O Mutterliebe, nun entfalte deine letzten Reserven! Atme tief, zähle auf zehn und sei immer größer als der Augenblick! Ohne Stiele, nicht einmal für die Vase tauglich. Die verborgene Vorfreude langer Winterwochen wird nach wenigen Stunden im Mülleimer liegen.

»Dell, da freus du dich aber?« Dorlis verlegener Blick zeigt, daß sie sich das Mutterglück überzeugender vorgestellt hat.

Noch einmal atmet die Mutter tief durch. Es gibt schlimmere Dinge: Erdbeben, Wasserkatastrophen, Kriege, Unglücksfälle – na also!

»Ja, es ist wun-der-schön, Dorli, ich danke dir.«

Prüfend sieht das Kind die Mutter an. Warum hat ihre Stimme solch einen merkwürdigen Sprung? Etwas hastig spricht sie nun weiter: »Sobald ich fertig bin, suchen wir eine Glasschale und legen die Blüten ins Wasser. Sie bekommen schnell Durst, weißt du. Hat Regine sie auch schon gesehen? Und der Vater?«

Still zieht sich Dorli mit ihrer Blütenpracht ins Dunkel der Diele zurück. Irgend etwas stimmt nicht. Was ist nur los?

»Und heute nachmittag feiern wir ein großes Tulpenfest, Dorli«, ruft ihr die Mutter noch nach.

Vielleicht ist der Vater da, denkt Dorli.

Er hat meist mehr Geduld als die Mutter. Entschlossen arbeitet sich die Kleine mit ihrem Korb die Treppe hinunter bis vor die Studierzimmertür.

Inzwischen erledigt die Mutter ihre Hausarbeit, bereitet auch noch das Mittagessen vor, denn die Wiederherstellung des inneren Gleichgewichts braucht immerhin einige Zeit. Endlich ist alles geleistet, und man kann mit Fassung an den Tulpenkorb gehen.

Wo steckt Dorli nur? Auch Regine und der Vater geben keine Antwort. Die Mutter geht durch alle Zimmer. Es bleibt still. Aber was ist das? Im Schlafzimmer steht der Arzneischrank sperrangelweit offen, und die Mullbinden fehlen – samt Leukoplast und Schere.

Etwas Schreckliches muß geschehen sein. Und niemand wagt es der Mutter zu sagen. Das ist die Strafe für eine kleinliche Lebenshaltung. Abgebrochene Tulpen – du liebes bißchen! Fährt dort drüben nicht der Rotkreuzwagen mit Blaulicht?

Zitternd eilt die Mutter ins Studierzimmer. Die Arztnummer für alle Fälle. Aber da liegt ein Zettel auf dem Schreibtisch: »Wir sind rasch in den Garten gegangen. Bis nachher. Vater.«

Bis nachher? Das ist zu lange. Nur schnell, ehe jemand verblutet!

Schon von weitem erblickt die Mutter den Vater und die Töchter in voller Gesundheit. Die drei hantieren am Tulpenbeet; anscheinend sind doch nicht alle Blüten abgebrochen.

Mit zögernden Schritten nähert sie sich der einträchtig arbeitenden Gruppe. Was sie dann allerdings zu sehen bekommt, ist eigenartig genug. Vaters Blick spricht auch ohne Worte den einzigen hier möglichen Satz: ›Bitte nicht böse sein über den Unsinn!‹

Dorli hat es der Mutter von den Augen abgelesen, daß mit den gepflückten Tulpen etwas Ungeschicktes geschehen ist. Und so hat sie kurzerhand alle Blütenköpfe mit Mullbinden wieder an die Stengel gebunden. Papa und Regine helfen mit Leukoplast nach.

»Nu wachsen se alle wieder an«, tröstet Dorli. »Un vürleicht kriegen sie nu ßwei Köpfe? Un nu freus du dich aber wirklich ganz doll, ja?«

Dorli hüpft zur Mutter und drückt sie so fest, daß beide fast keine Luft mehr bekommen. ›Ich kann bestimmt nichts dafür‹, heißt das. ›Ich habe nicht gewußt, daß es eine verkehrte Freude wird.‹

›Freilich, Dorli!‹ Längst ist alles wieder gut. Welch ein Anblick! Auf keiner Bundesgartenschau wird es je so eigenwillige Blüten geben. In drei Wochen wäre die Herrlichkeit ohnedies vorbei gewesen. Das farbenprächtige Tulpenfest am Nachmittag aber wird den Kindern ein Leben lang als beglückende Erinnerung bleiben.

Wunderbare Welt

Gerade als Nachbar Rühle mit zwei Eimern Schweinefutter über seinen Hof geht, öffnet sich im gegenüberliegenden Pfarrhaus das Fenster, und Dorli ruft herunter: »Onkel Rühle, ich sag dir was, was du nicht weißt. Wir haben ein Schwesterchen bekommen.«

»Ei du grüne Neune! Schon wieder ein Mädchen«, ruft Onkel Rühle hinüber. »Mit euren Kindern habt ihr kein Glück.«

»Wie bitte?«

»Ich meine, daß ihr euch nun endlich einen Buben bestellen müßt.«

»Wir kriegen sicher noch sechs Buben, Onkel Rühle. Bei uns ist es schön. Ich habe dich gut verstanden mit deiner grünen Neune. Du denkst, Mädchen sind weniger wert als Buben. Aber ich verzeihe dir deine altmodischen Gedanken. Du bist Großvater und warst im Krieg.«

»Gewiß, Dorli. Und ich gebe auch gern

zu, daß du soviel wert bist wie drei Buben zusammen. Wenn du die kleine Schwester einmal ausfahren darfst, dann werde ich sie mir ansehen.«

Aber Dorli ist schon wieder vom Fenster in die Stube gelaufen. Es gibt nämlich jetzt viel zu tun für das zum Mittelstück aufgerückte kleine Mädchen. Regine ist ein eifriges Schulkind geworden, und Dorli muß einkaufen lernen, weil die Mutter es noch nicht kann.

Das erste, was sie einholen geht, ist Brot.

»Onkel Bäcker«, ruft sie durch die offene Backstubentür, »ich sag dir was, was du nicht weißt: Wir haben ein Schwesterchen. Gestern kam es aus der Klinik und hielt eine Blumenknospe in der Hand. Es hat runde, rosige Bäckchen, darum nennen wir es ›Äpfele‹.«

»Das ist eine frische Brezel wert, Dorli«, sagt der Bäcker, der gerade ein Blech aus dem Ofen genommen hat. »Komm, setz dich, bis du sie gegessen hast. Vorsicht, sie ist noch warm.«

Während Dorli schmaust, kommt die Bäckersfrau aus der Ladenstube.

»Ihr seid jetzt drei schmucke Mädchen, Dorli.« Die kinderlose, mütterliche Frau hat das Dorli besonders lieb, und sie verwöhnt es immer ein wenig. »Es ist ja nicht recht«, fährt sie fort, »daß ihr zu dreien seid und wir haben niemanden. Ich hätte wahrhaftig auch gern ein kleines Mädchen. Ich meine, du solltest mir dein Schwesterchen verkaufen, Dorli.«

»Niemals, Frau Bäcker, niemals! Was denkst du, wie viele Leute mich schon darum gebeten haben. Dauernd soll ich mein Schwesterchen verkaufen. Dabei gehört es mir ja gar nicht allein. Und Kinderverkaufen finde ich sowieso ein bißchen blöd.«

»Ich finde es gar nicht blöd, Dorli«, mischt sich der Bäcker ein. »Du siehst selbst, daß es nicht in Ordnung ist, wenn dort drei kleine Mädchen sind und hier ist keines. Dann mußt du schon selbst kommen, wenn du dein Schwesterchen nicht hergibst.«

»Jawohl«, sagt die Bäckersfrau und nickt, »du mußt mir helfen. Im Laden verkaufen – das hast du dir doch schon immer gewünscht. Und jeden Tag bekommst du eine frische Brezel und nachmittags ein Mandeltörtchen. Und Eis und Schokolade, soviel du willst. Und deine Schwestern können dich nie mehr ärgern. Jetzt bist du übrig zu Hause, sie haben wieder ein Nesthäkchen, und ich müßte nicht traurig sein, daß ich kein kleines Mädchen besitze.«

Dorli ist verwirrt. Sie begreift, daß der Frau Bäcker ein kleines Mädchen zusteht. Ein Leben ohne Kinder stellt sich Dorli sinnlos vor. Und daß *sie* es sein muß, versteht sie erst recht. Im Verkaufen ist sie sehr geschickt, das sagen alle Leute.

»Ich muß zuvor noch meinen Schlafanzug holen«, stottert sie.

»Natürlich, hol ihn mal fix«, sagt der Onkel Bäcker und schiebt das nächste Blech in den Ofen. »Bis du wiederkommst, habe ich die Buttercreme fertig, dann darfst du schlecken.«

Bestürzt schleicht Dorli nach Hause. Brot und unverzehrte Brezelärmchen sind vergessen. Törtchen, Eis und Kaufladen versinken; es bleiben nur noch die Gesichter von Vater und Mutter, nach denen man sich plötzlich unsagbar sehnt. Heimat, Geschwister, Garten und Spielzeug – alles, alles soll sie nun für immer verlassen, um das Kind fremder Eltern zu werden.

»Aber, Dorli, wo bleibst du nur so lange?« mahnt die Mutter, unter der Tür Ausschau haltend. Doch schon erfaßt sie die Erschütterung hinter dem blassen Gesicht. Und sie kann gerade noch ein Häufchen schluchzendes Elend in ihren Armen auffangen.

»Ich muß doch meinen Schlafanzug ho-ho-holen!«

Unter verzweifeltem Schluchzen erzählt das Kind die Tragödie.

Wie gut ist es, diese Not lösen zu können. »Meinst du denn, Vater und ich, wir würden unser Dorli hergeben?«

Die Kleine fällt wieder in ihre Kindersprache zurück. »Ja, aber ich muß tropsdem. Die Frau Bäcker hat verhaupt kein Kind. Da *muß* ich.«

»Und wer soll mir einkaufen? Wer soll mir Kartoffeln aus dem Keller holen? Wer soll das Schwesterchen hüten? Nein, niemand auf der Welt kann dich uns wegnehmen.«

»Auch der liebe Gott nicht?«

»Nein, auch der liebe Gott nicht. Er hat dich ja zu uns geschickt. Da hätte er dich doch gleich zur Frau Bäcker schicken können, als du geboren wurdest.«

»Weißt du ganz bestimmt, daß er mich nicht bei der Frau Bäcker haben möchte?«

»Ich weiß es ganz bestimmt.«

»Hat er es dir selbst gesagt?«

»Ja, er hat es mir gesagt.«

»Und dem Vater auch?«

»Ja, auch dem Vater. Die Frau Bäcker hat das wirklich nur zum Scherz gesagt.«

Kein Sonnenaufgang ist dem Leuchten vergleichbar, das sich nun in Dorlis tränenüberströmtem Gesicht auftut. »Telefonierst du gleich der Frau Bäcker? Sie wartet auf mich. Es tut mir leid, daß ich – nicht zu kommen brauche. Sag ihr, sie soll mir verzeihen, und ich will sehr fest beten, daß sie noch ein kleines Mädchen kriegt.« Überwältigt vor Freude, tritt sie ans Bett des Schwesterchens. »Hat der liebe Gott gewußt, daß ich eben doch am allerliebsten zu euch gekommen bin, wenn ihr auch keinen Kaufladen habt?«

»Ja, das hat er gewußt.« Wie nach einer weiten, einsamen Reise nimmt Dorli erneut Besitz von allem: vom Gesicht der Mutter, das sie immer wieder betrachtet, von den Blumen am Fenster, von ihrem Bett und allen Stuben und Kammern, von den Spielsachen, von den durchsonnten Vorhängen und vom rosigen Säugling im Stubenwagen. »Was haben wir für ein Glück, Äpfele«, flüstert sie. »Es ist ein Wunder.«

Auf den Zehenspitzen schleicht sie sich dann aus dem Kinderzimmer. Draußen steht die Mutter und streckt ihr ein Mandeltörtchen entgegen. »Einen Gruß von der

Frau Bäcker, und sie hat es nur im Spaß gemeint. Das Törtchen hat sie mit dem Brot herübergeschickt, du hattest es vergessen.«

Spaß? Es ist kein Spaß, wenn hier drei Kinder sind und dort ist keines.

»Das Mandeltörtchen bekommt Regine«, sagt Dorli fest. Daheimbleibendürfen *und* Mandeltörtchen essen, das wäre fast ein Unrecht, auf alle Fälle aber zuviel des Guten.

Es war einmal…

Moderne Kinder und alte Märchen? Ist der Weg von den Cowboy- und Gangstergeschichten bis hin zu jenem Zuckerhäuschen im Wald, den geschmeidigen Geißlein oder einer Königstochter, die Stroh in Gold verspinnen soll, nicht doch allzu weit? Will vielleicht nur die Sehnsucht der Erwachsenen jene versponnene Welt in die winterliche Wohnstube hineinbringen? Will diese Märchenwelt mit dem bläulichen Fernsehgefunkel konkurrieren, damit der Apparat ausgeschaltet bleibt?

Aber Kinder haben Vorstellungskraft genug, ihre Seele in verschiedenen Sphären zu beheimaten. Zwar gleicht ›Märchenerzählen heute‹ mehr einem Experiment als einer traulichen Dämmerstunde wie zu Frau Ajas Zeiten. Telefonate und Hausklingeln geraten dazwischen, und auch Äpfeles Gebrabbel im Stubenwagen läßt sich nicht abstellen.

Dennoch bevölkern sie eines Tages alle unsichtbar die Nischen und Winkel des alten Hauses: Rotkäppchen, Hänsel und Gretel und der gute Hans im Glück, Dornröschen, Schneewittchen und die Zwerge. Später kommen der Schweinehirt und die Schneekönigin dazu, die Seejungfrau oder auch der kleine Mohr und die Goldprinzessin.

Dorli lebt mit ihnen allen. Jeden Morgen sitzt die junge Puppenmutter erzählend im Kreise ihrer diversen Kinder, welche die ergreifenden Schicksale der Märchenhelden wesentlich gelassener über sich ergehen lassen als Dorli am Abend zuvor. Wenn sie vom häßlichen Entlein erzählt, muß sie ein paar Tränen in ihrem Gesicht zerreiben, und da Taschentücher meist völlig zweckentfremdet verwendet werden oder nicht vorhanden sind, sieht man Dorlis Erzählspuren noch bis zum Mittagessen auf ihren Bäckchen. Etwaige Gedankenlücken füllt sie mit eigenen Ideen auf. »Ja, unn als die Pechmarie endlich wieder fortgetrödelt war, ging Frau Holle zum Herrn Holle und sagte: Meine Marie ist abgehaut, jetzt mußt *du* die Betten schütteln.«

Jeden Abend blockiert sie nun die Badewanne, sitzt als unwiderstehlicher Nackedei darin und hält sich das Brauseteil der Dusche als Telefonmuschel ans Ohr. Damit besitzt sie einen direkten ›heißen Draht‹ ins Märchenland. Da ihre Telefonate zwar sehr ausgedehnt, aber doch kostenlos sind, ist von seiten der Familie nichts dagegen einzuwenden.

»Guten Abend, Rotkäppsen! Ich wollte dir nur sagen, daß du dich ein bißchen mehr um den bösen Friedrich im Struwwelpeter kümmern mußt. Wie bitte? Freilich ist er selbst schuld. Aber die Arznei ist so bitter. – Grüß Gott, Hänsel und Gretel! Heute habe ich den ganzen Tag an euch gedacht, daß bei dem Regen euer Zuckerhäuschen verweicht. – Ei, Mensch, Wolf, das ist ja doll, daß du auch ans Telefon gehst. Ich bewundere dich sehr, daß du bei deinem großen Hunger noch daran gedacht hast, der Großmutter zuvor die Schlafhaube auszuziehen. Es ist sehr anständig von dir, daß du die beiden geschluckt hast, ohne zu beißen. Ich kann das nicht einmal bei einem Stück Schokolade, besonders bei Nußschokolade.«

Schließlich erzählt die Mutter ihren zwei Großen das Märchen von den sieben Raben. Als die Rabenbrüder erlöst werden, herrscht ergriffenes Schweigen. Nicht ohne heimliches pädagogisches Hochgefühl folgert die Mutter, daß das selbstlose Tun der guten Schwester auch bei ihren mitunter streitenden Kindern seine innere Wirkung nicht verfehle.

Endlich unterbricht Dorli die ungewöhnliche Ruhe: »Is ja verständlich, daß eine Mutter ihre Kinder manchmal zum Fenster hinaus verwünscht. Wenn dir das mal passiert, Mutter, dann verwandle uns aber lieber in Hühner. Dann legen wir dir wenigstens Eier.«

Da Märchenbücher für das schriftunkundige Dorli nicht ohne Kommentar faßbar sind, vor allem, wenn Illustrationen fehlen, vertieft sie sich lieber in den bilderreichen Struwwelpeter. Vielleicht ist es doch ein kindgerechtes Buch, wenn auch die Eltern dreimal tief durchatmeten, ehe sie dieses Geschenk einer liebevollen Tante auf dem Kindertisch liegen ließen und es ertrugen, daß Dorli eifrig darin ›las‹.

Mit Hilfe einer ganzen Tube Uhu klebt sie die Blätter vom Daumenlutscher kurzerhand zusammen. »Wenn ich dem bösen Schneider die Augen auskratze, dann bricht das Blatt durch. Aber ich will ihn nie, nie wieder sehen, den abscheulichen Mann.« – Mit Paulinchens Asche führt sie einfühlsame Gespräche. »Ach, Paulinchen, daß du solches Pech hattest! Ich zündle auch furchtbar gern. Fred und Gerhard vom Hinterhof haben neulich ein Feuerchen gemacht. Nebenbei ist fast der ganze Schopf abgebrannt, bloß sie selber nicht. Schläge haben sie bekommen, man hat es bis zu uns herüber gehört! Aber sie leben noch.«

Über längere Zeit hinweg beobachtet die Mutter Dorlis ausgeprägtes Interesse für Kindergräber. Bei jedem Sonntagsausflug ins Freie strebt Dorli zuerst zu irgendeinem Dorffriedhof. Während des Besuches bei einer alten Tante gelingt es ihr sogar, die gehbehinderte Dame auf den städtischen Hauptfriedhof zu schleppen, solange die Mutter beim Einkaufen ist.

»Der metaphysische Zug in diesem lebensbejahenden Kind ist bewegend«, erzählt die Tante danach der Mutter und benützt ihr Taschentuch. Letzteres findet die Mutter unnötig, denn ihre Tochter neigt nicht zu Sentimentalitäten, wenn sie einer Sache auf den Grund gehen will.

»Jetzt weiß ich es endlich«, offenbart sich Dorli am Abend dem Vater, der sie zu Bett bringt. »Der Struwwelpeter ist ein durch und durch erlogenes Buch. Und die Märchen sind alle nicht wahr. Ich habe so viele Kindergräber abgesucht. Nirgends habe ich die Suppenschüssel vom Suppenkaspar auf einem Grab stehen sehen.« Begeistert von dem neuen Licht, das diese Götter- und Märchendämmerung in ihr Kinderdasein wirft, fährt sie fort: »Ich sage es gleich morgen der Ingrid, die im Kindergarten neben mir sitzt. Ingrid hat Angst, daß sie sterben muß, weil sie einfach keine Suppe hinunterbringt. Man sagt das bloß so, damit die Kinder Angst bekommen. Aber weißt du, Paps, *so* klein sind wir denn auch wieder nicht.«

Der Vater löscht das Licht. »Natürlich seid ihr nicht mehr klein. Dennoch mußt du jetzt schlafen.«

Aber im Dunkeln plaudert Dorli weiter. »Und wenn ich nicht schlafen kann, dann mache ich auch ein Märchen. Ein schöööönes Märchen: Es waren einmal drei Regenschirme, die standen in der Diele und erzählten sich was. Sie waren so naß und vergnügt. Sie gehörten drei kleinen Mädchen, die wohnten in einem großen, alten Haus... Weiter bin ich noch nicht. Aber es gibt ein wahres Märchen, kein ausgedichtetes.«

Bald schlafen Kinder und Puppen, die Märchengestalten verkriechen sich unsichtbar in ihre Ecken. Morgen wird Dorli aufwachen und vergessen haben, daß Märchen ›nicht wahr‹ sind. Denn glücklicherweise gehört sie zu den Menschen, die, gegen alle Vernunft, die Welt samt ihrem vielgerühmten Existenzkampf immer wieder einmal – mit Märchenaugen sehen.

Schulgeschichten

Was ist nur los? Am hellen Werktag läuten die Glocken. Und beim ersten Klang öffnen sich an dreißig Häusern des Dorfes die Türen, und dreißig bunte, mächtige Schultüten wandern munter durch die Straßen, der Kirche zu. Die jüngsten Schüler des Dorfes verstecken sich hinter den Tüten, so daß man nur noch die Beine sieht.

In roter Jacke und mit blauer Schultüte steigt auch Dorli an diesem frühherbstlichen Morgen an Mutters Hand die Stufen zur Kirche empor. Fünfundzwanzig Jungen und eine Handvoll Mädchen, die sich vom Kindergarten her schon alle kennen, grüßen einander in scheuem Stolz. Es ist ein Bubenjahrgang. Seltsam ist das mit den Jahrgängen. Gute Jahrgänge, schlechte Jahrgänge – und dieses vorgezeichnete Schicksal begleitet von nun an den Menschen durch viele Jahre.

Dorli wirkt inmitten der Schar recht

klein und kindlich. »Es ist ein Witz, daß sie zur Schule kommt«, hat Regine in der Frühe festgestellt. »Könnt ihr sie euch in einer Schulbank *sitzend* vorstellen?«

Während des Schulanfänger-Gottesdienstes wird die Mutter von Anfechtungen heimgesucht. Dorli ist ein Spätentwickler. Oder ein Eigenentwickler. Jetzt läßt es sich nicht mehr verbergen, daß man diesem Kind vielleicht – nein, wahrscheinlich – nein, ganz sicher viel zuviel individuelle Freiheit gelassen hat. Zwar besitzt Dorli ein überraschend selbständiges Denkvermögen und eine sichere Ausdrucksweise, aber Worte wie ›Gehorsam, Autorität, Pflichterfüllung‹ sind trotz aller elterlicher Mühe bis heute noch ungeklärte Begriffe in ihrem sorglosen Dasein.

Die Mutter seufzt. Ob das, was man unter Erziehung versteht, viel Sinn hat? Ob man je mehr erreichen kann als ein wenig äußere Politur? Wird das Kind Dorli nicht seinen eigenen, ihm innewohnenden Gesetzen folgen? Aus einem Schmetterling wird nun einmal keine Ameise und aus einem Klatschmohn kein Vergißmeinnicht.

Schon nach den ersten Schulwochen erweisen sich die mütterlichen Sorgen als berechtigt. Dorli kann nicht einsehen, daß man etwas tun soll, was man nicht *gerne* tut. Sie scheint nicht gerade unbegabt. Aber was nützt alle Begabung ohne Können? Und Können erfordert dauerndes Üben. Doch dafür ist Dorli vorläufig nicht zu haben.

Eines Tages aber packt sie sofort nach dem Mittagessen ihre Schulmappe aus. »Ich muß unbedingt schreiben lernen, gleich heute noch.«

Der Vater wird wachsam. »Was war denn los, Dorli?«

»Ich durfte heute mit meinem neuen Hosenanzug zur Schule. Und da konnte ich mich nicht richtig hinsetzen, weil das den Bügelfalten geschadet hätte. Ich mußte ganz steif gehen, als Herr Hannemann mich an die Tafel rief. Alle Kinder lachten, und schließlich machte Herr Hannemann einen

Eintrag. Er versteht nichts von Bügelfalten. Ich finde es ungerecht, daß es nur ein Eintragbuch für Schüler gibt. Sobald ich schreiben kann, kaufe ich ein Eintragbuch für Lehrer, ein ganz dickes. Ihr werdet staunen, wie schnell das voll wird.«

Solch kühne demokratische Spielregeln in einer Unterstufe sind für den Lehrer sicher nicht einfach zu bestehen. Eltern blamieren sich ungern, aber mit Herrn Hannemann muß man wohl oder übel einmal reden.

»Dorli ist faszinierend unmöglich«, erwidert der gesetzte alte Herr gütig, als der Vater ihn mit dem Mut der Verzweiflung auf der Straße anspricht. »Meine sämtlichen pädagogischen Schlüssel passen nicht in ihre Tür. Bis jetzt versteht sie es außerdem vorzüglich, ihre geistigen Kräfte zu schonen. Aber nur Geduld! Ich habe das so in den Fingerspitzen. Eines Tages wird die Tür von selbst aufspringen, ohn all unser Verdienst und Würdigkeit, und dann wird uns über dem stürmischen Lernwillen der kleinen Persönlichkeit der Atem ausgehen.«

Von ›stürmisch‹ kann jedoch zunächst keine Rede sein. Dorli empfindet die Schule als eine Art Strafanstalt. Winter und Frühling gehen darüber hin, ohne daß die Türen springen.

So hoppelt sie denn eines Nachmittags mit ihrem Puppenwagen die Dorfstraße hinunter, am Schulhaus vorbei. Dabei sieht sie zwei Männer eifrig am Dach emporklettern, zwei weitere bringen lange, schmale Stangen. Neugierig bleibt sie stehen.

»Kleine, du könntest uns einen Gefallen tun«, ruft ihr einer der Handwerker zu.

Dorli nickt. »Ich kann mir's denken. Mit oder ohne Filter?«

»Na, du bist aber ein schlaues Mädchen. Ohne Filter. Hier ist das Geld.«

Nachdem die Männer ihre rasch von Dorli herbeigeholten Zigaretten angezündet haben, entwickelt sich ein Gespräch.

»Seid ihr von der Pólizei?«

»Nein, wir sind von der Feuerversicherung.«

»Was macht ihr in unserer Schule?«

»Wir legen einen neuen Blitzableiter.«

»Und wer bezahlt das?«

»Der Staat.«

»Kann sich der Herr Staat solch unnütze Ausgaben leisten? Ich denke, er muß sparen.«

»Ausgerechnet an einem Blitzableiter zu sparen, kleine Maus, wäre grundverkehrt.«

»In dieses Haus schlägt kein Blitz.«

»Oho, das ist aber eine kühne Behauptung.«

»In den nächsten drei Jahren schlägt hier kein Blitz ein. So lange muß ich nämlich noch in dieses greuliche Haus. Oh, wenn es doch herunterbrennen würde bis auf den Grund! Es wäre zu schön, um wahr zu sein.«

Ob der Blitzableiter wirklich gar so unnötig war? Die folgenden Frühsommerwochen bringen mehrere heftige Gewitter, denen schwüle Tage und Stunden vorangehen. Die vielseitige Arbeit in Haus und Garten läuft der Mutter in dieser Hitze nicht immer leicht von der Hand. Zudem ist Äpfele in der zeit- und kraftraubenden Entwicklungsphase der Zweijährigen.

An einem Samstagabend, nachdem alle drei Kinder frisch gebadet und unschuldig wie Engel in ihren Betten liegen, fällt es der Mutter schwer auf die Seele, daß sie sich entschieden zu wenig um Dorlis Schularbeiten gekümmert hat.

»Dorli«, sagt sie ungewöhnlich streng. »Du hast mir die ganze Woche deine Aufgaben nicht gezeigt.« Eltern sind oftmals streng, wenn sie eigene Versäumnisse damit zudecken müssen.

»Ach, Mutter, du hattest so viel Arbeit. Da mußte ich dich ein wenig schonen.«

»Wieso? Hast du ein schlechtes Diktat gemacht?«

Dorli wird rot. Und Regine ergänzt das Verhör auf aparte Weise:

»Vierzehn Fehler im Diktat,
vierzehn rote Fehler,
und wer vierzehn Fehler hat,
der wird nie Pennäler.

Die Familie ist blamiert,
weil man kein Pennäler wird.«

Die Eltern sind bekümmert. »Vierzehn Fehler in einem einzigen Satz, das ist mir unbegreiflich, Dorli«, sagt der Vater bedrückt. »Man sollte dich in den Kindergarten zurückschicken.«

Begeistert setzt sich das Kind auf. »Wirklich? Ach, wenn ich doch die Schule wieder los hätte!« Ihre Augen glänzen träumerisch. »Wißt ihr, was ich mir gerade am allerliebsten wünsche? Ich möchte nochmal ein Baby sein und im Puppenbett, in dem mit den Röschengardinen, die ganze Nacht unterm Weihnachtsbaum schlafen. Ja, man müßte es allen Babys zurufen: Genießt die Babyzeit, sie kommt nicht mehr!«

Auch für die Eltern kehrt diese unbeschwerte Zeit nicht wieder.

Eines Tages bringt Dorli einen Zettel nach Hause. »Du mußt etwas für den Lehrer unterschreiben, Mutter. Da, wo was mit ›berechtigter Sorge‹ steht. Ich hab gespickt. Wie gut, daß ich schon lesen und dich vorbereiten kann, dann verteilt sich der Schrecken.«

»Berechtigte Sorge, Dorli?«

Die Mutter muß sich setzen. Danach entfaltet sie mit Fassung den Zettel. Er ist jedoch harmlos: Das Gesundheitsamt will vor den großen Ferien noch eine Schuluntersuchung durchführen.

»Hier steht: Unterschrift des Sorgeberechtigten, Dorli. Das hat mit berechtigter Sorge nichts zu tun. Papa wird unterschreiben. Genausogut könnte das Wort ›Erziehungsberechtigter‹ heißen.«

Wider Erwarten denkt Dorli scharf nach. Soll das bedeuten, daß alle Väter erziehungsberechtigt sind?«

»Aber natürlich.«

»Ich finde es unnatürlich. Die meisten Väter sind den ganzen Tag weg, im Geschäft oder in der Fabrik. Und dann sollen sie noch erziehungsberechtigt sein? Das geht doch gar nicht!«

Eine Woche später findet die angekündigte Schuluntersuchung statt.

»Da haben wir ja ein Prachtexemplar«, sagt der Arzt zu Dorli.

Trotz frischer Zahnlücke strahlt Dorli unverwüstlich. »Leider ist mir gestern mein linker Stoßzahn herausgefahren.«

»Dein Eckzahn? Das ist in Ordnung. Aber deine Backen, die gefallen mir.«

»Rote Backen sind bitter«, erwidert Dorli bekümmert. »Seit Monaten ist es mein sehnlichster Wunsch, daß ich in Erholung verschickt werde, damit ich die Schule eine Weile loskriege. Doch daraus wird nichts. Und vor den Ferien werde ich ja leider jetzt sicher nicht mehr krank, wenn du mich so gründlich untersuchst.«

Aber gegen Erkrankungen hat niemand einen Garantieschein, auch das frisch untersuchte Dorli nicht. Als die Mutter am nächsten Morgen ihren ABC-Schützen wecken will, liegt das Kind noch in tiefem Schlaf. Es hat sich die Strumpfhose um den Hals gebunden. Dorli hat heute nacht Halsschmerzen bekommen, folgert die Mutter. Ist sie nicht sogar ein wenig heiß?

Nun, man kann sie weiterschlafen lassen, das wird ihr guttun.

Eine Stunde später jedoch taucht Dorli gesund und munter samt wehender Strumpfhose auf. »Habt ihr mich vergessen? Nun komme ich zu spät zur Schule, hurra! – Der Wickel? Heute nacht ist mir eingefallen, daß ich unter keinen Umständen mein Handarbeitsgeld vergessen darf. Und weil ich in der Dunkelheit nichts anderes fand, habe ich mir schnell meine Strumpfhose umgeknüpft.«

Das Schuljahr neigt sich dem Ende zu, ohne daß die Türen gesprungen wären. Lediglich im Rechnen zeigt Dorli deutliche Fortschritte, sie liebt Zahlen. Alles wird berechnet: Wie viele Schokoladetafeln man im Jahr essen könnte, wenn man jeden Sonntag eine bekäme, wie viele Nächte man noch bis Weihnachten schlafen muß und wie viel Geld man mit Zwanzig besäße, wenn man jeden Tag eine Mark geschenkt bekäme.

Von Nachbar Rühle hat Dorli eine alte,

immer noch tickende Uhr bekommen. Die Uhr ist die Begleiterin bei allen Einkäufen, sie geht mit zu Bett und liegt zur Zeit der Schularbeiten bereit, welche damit wahrhaftig zügiger vor sich gehen.

In der blanken Morgenfrühe eines Julitages betritt das Kind barfuß mit der alten Uhr in der Hand das Wohnzimmer, wo die Mutter soeben die Rundfunknachrichten hört.

»Darf ich bitte – *sehr* bitte – abdrehen?«

»Nein, warum denn?«

»Nur für eine einzige Minute. Es ist jetzt der 7.7.7.07. Das ist eine wunderbare Zahl, man muß sie bewußt in der Stille genießen.«

Nach dieser stichhaltigen Begründung wird das Radio abgestellt.

Verzückt hält Dorli die Uhr vor sich hin. »In ganz Mitteleuropa ist es jetzt der 7.7.7.07. Ich beneide alle Kinder, die in dieser großen Minute geboren werden.« Die Minute dauert lang, wenn man dem Sekundenzeiger folgt. Ein Flugzeug braust übers

Haus. In der Metzgerei drüben schreit ein Schlachtschwein. Autobremsen quietschen. Irgendwo läutet ein Telefon.

Den ganzen Tag ist Dorli damit beschäftigt, sich auszudenken, was in dieser Minute landauf, landab, geschehen sein könnte. Wer behauptet, das Leben sei langweilig, wenn sich, nach Dorlis Aussage, über die Ereignisse dieser einzigen Minute hundert spannende Bücher schreiben ließen?

Und endlich ist auch dieses erste Schuljahr vorbei. Dorli stürmt nach Hause, schwenkt ihr Zeugnisheft in der Hand und singt mit schallender Stimme: »Es freut sich, es freut sich, es freut sich ja das Kind, daß Ferien, daß Ferien, daß Fe-ri-e-hen sind!«

Das Zeugnis ist mäßig. »Kein großer Glanz in unserer Hütte«, bemerkt Regine.

Dorli verteidigt sich. »Onkel Rühle sagt immer, die Hauptsache ist, wenn man jeden Tag aufstehen kann. Also habt euch nicht so wegen der paar Noten.«

Dann wird die Schulmappe mit Schwung in die Ecke geschleudert.

Und nun beginnt Dorli zu leben.

Mit einem Seufzer der Erleichterung sinkt die Mutter an diesem ersten Ferienabend ins Bett. Eine Reihe von Wochen wird sie nun nicht mehr pünktlich und recht früh aufstehen müssen, um die Schulkinder aus dem Haus zu befördern.

Jedoch in der ersten Morgendämmerung des nächsten Tages betritt Dorli halb angezogen das Elternschlafzimmer.

»Kind, es ist kaum vier Uhr vorbei. Was tust du denn schon auf?«

»Ich muß meine Ferien genießen.«

»Das könntest du auch noch heute mittag.«

»Wie? Da hätte ich doch sowieso frei. Ich will bloß fragen, was man in den Ferien anzieht; dann dürft ihr weiterschlafen.«

Am zweiten Morgen dagegen ist Dorli um neun Uhr noch nicht am Frühstückstisch. Etwas befremdet öffnet die Mutter die Tür zum Kinderschlafzimmer.

Umgeben von einer Spielzeugflut thront die Kleine in ihrem Bett. »Ich habe heute gar keine Zeit zum Aufstehen. Ich mußte gleich beim Aufwachen spielen, sonst sind die Ferien um und ich bin noch nicht ein bißchen fertig.«

»Und etwas zu essen braucht unsere Spielratte wohl nicht?«

»Spielen ist wichtiger als Essen. Es wäre nett von dir, Mutsch, wenn du mir ein Stück Brot hereinschieben könntest. Vielleicht kann ich mich dann zum Mittagessen freimachen. Aber du wirst verstehen, daß ich in den Ferien meine Zeit bügeln muß.«

Wie schade, daß auch die längsten und schönsten Ferien einmal zu Ende gehen! Für Regine fängt damit ein neuer Abschnitt an: Sie fährt jetzt mit dem Bus jeden Morgen ins Gymnasium zur Stadt. Im Dorf aber läuten wiederum alle Glocken, um die jüngsten Bürger in ihre Schulpflichten einzuführen.

Dorli, deren Unterricht erst eine Stunde

später beginnt, steht mit Äpfele unter der Haustür und schaut den Schulneulingen nach, die an der Hand ihrer Mütter die Kirchentreppe hochsteigen, genau wie sie selbst vor einem Jahr.

»Was sind die Kinder so schwach, Paps«, ruft sie dem Vater nach, der sich zum Gottesdienst fertig macht.

»So klein waren wir nie! Die ABC-Schützen werden jedes Jahr kleiner.«

»Du wirst größer, deshalb kommt es dir so vor.«

Versonnen nimmt Dorli ihre Schulmappe. Nicht ohne Mitgefühl beobachtet sie die sich schwer schließenden Kirchentüren. »Sag, Mutter, ist Spielen für Kinder gesund?« ruft sie ins Hausgärtchen hinüber, wo die Mutter Unkraut jätet.

»Ja, spielen ist gesund.«

»Für diese Kleinen wäre Spielen gesünder als Lernen. Aber das Leben ist kurz. Deshalb müssen sie so früh eingesperrt werden. Denn kaum haben sie die Schule hinter sich, kriegen sie schon wieder Kinder, und die müssen dann auch schnell was lernen.« Dorli wirft ihr knallgelbes Mützchen, das sie vor einem Jahr von der Verkehrswacht bekommen hat, hoch in die Luft. »Komisch«, stellt sie fest, »erst ist man stolz, daß man eine Mütze bekommt, und dann ist man stolz, daß man sie wieder abgeben darf.«

In der zweiten Klasse hat Dorli ein ›Fräulein‹, das den ergrauten Herrn Hannemann ablöst. Ob *sie* einen pädagogischen Schlüssel für Dorli findet? Es scheint so. Denn eines Tages erzählt Dorli zu Hause: »Denkt euch, ich habe jetzt einen Nachhilfeschüler.«

Die Lehrerin hat ein schmächtiges, schlecht auffassendes Bübchen neben sie gesetzt. Voll mütterlichen Eifers macht sich Dorli an die schwierige Aufgabe.

»Ihr könnt euch nicht vorstellen, *wie* dumm Horst ist«, berichtet sie nach einer Woche. »Wenn ich ihm hundertmal erkläre, daß sieben und fünf zwölf gibt, dann bringt er jedesmal etwas anderes heraus. Er hat eben nur zehn Finger zum Abzählen. Er hat Angst, daß er in eine Sonderschule muß.«

»Eine Sonderschule wäre gut für ihn, er braucht keine Angst zu haben«, meint der Vater.

»Er soll aber nicht fort, ich mag ihn so gut leiden. Sag mal, ist das nicht sehr ungerecht vom lieben Gott, daß er die einen so klug und die andern so dumm auf die Welt schickt? Im Kindergarten merkten wir es noch nicht. Aber jetzt, in der Schule, kommt der Betrug heraus.«

Sie erwartet keine vernünftige Antwort. Sie hat es schon zu oft erlebt, daß die Großen auf die wichtigsten Fragen überhaupt keine Auskunft geben können. Es ist besser, wenn man selbst über alles nachdenkt.

»Horst merkt gar nicht, wie dumm er ist«, resultiert sie. »Sonst wäre er ja nicht so dumm. Wer dumm ist, dem macht es auch nichts aus, sich helfen zu lassen. Die Klugen sollen den Dummen helfen. Wahrscheinlich hat sich der liebe Gott das so gedacht. Natürlich müssen die Klugen dann ein bißchen mehr tun – zum Ausgleich. Was meinst du?«

Der Vater zieht seine kleine Philosophin zu sich her. »Ach ja, Dorli, manchmal wißt ihr Kinder mehr als wir. Wenn alle Menschen gut wären, die Klugen wie die Dummen, dann ginge deine Weltanschauung auf und die Unterschiede wären ausgeglichen.«

Draußen strömt der Novemberregen. Um so gemütlicher ist es in der Stube, zumal die Mutter heute an der Nähmaschine sitzt. Regine lernt mit zugestopften Ohren lateinische Vokabeln, Äpfele spielt stillvergnügt mit ihren Puppen, Dorli schreibt unter Selbstgesprächen eine Strafarbeit ins Religionsheft: »Des Gerechten Gebet vermag viel, wenn es ernstlich ist.«

»Wie gut, daß mich die Strafarbeit bei solch einem kurzen Spruch erwischt hat! Ist es eigentlich auch ein schöner Spruch, Mutter?«

»Ja, Dorli, das weißt du doch selbst.«

»Ach, das ist ja gerade das Problem. Der Spruch ist so wirksam. Ingrid und ich, wir haben letzte Woche verabredet, daß wir vor jedem Diktat füreinander beten wollen. Zuerst dachte ich, daß es nicht wirkt. Früher betete ich immer, daß Herr Hannemann krank wird. Aber es nützte nichts. Es war eben das Gebet eines Ungerechten. Doch diesmal hat Ingrid null Fehler, und ich habe vier.«

»Du freust dich doch darüber? Ingrid ist im Rechnen immer schlechter als du.«

Dorli atmet tief. »Das ist es ja. Ganz tief drinnen freue ich mich nicht. Siehst du wohl, was für eine unliebe Eigenschaft aus mir herauskommt?«

»Es ist eine allgemeine menschliche Schwäche, Dorli. Man nennt sie Neid. Damit haben wir alle fast unser ganzes Leben an irgendeiner Stelle zu tun.«

»Aber *du* mußt doch nicht kämpfen, Mutter? Du gehst ja gar nicht mehr zur Schule.«

»Ich muß auch kämpfen. Ich bin manchmal neidisch auf Menschen, die tüchtiger und gesünder und erfolgreicher sind. Ach, weißt du, alle paar Jahre brütet man wieder neue Wünsche in sich aus.«

Erschrocken legt Dorli ihren Füllhalter weg. »Da merke ich erst, daß ich ganz durchwachsen bin von lauter Neid. Ich bin neidisch auf Volkers Vollgummirädchen und auf Hildegard, die einen prima Rückwärtspurzelbaum fertigbringt. Auch auf Regine bin ich oft neidisch, weil sie die Älteste ist. Und auf Thomas, weil er von seinem Opa jeden Tag eine Mark zum Verschlekken bekommt.«

Die Mutter schaltet das Nähmaschinenlicht an, denn der Regentag wirft dunkle Schatten in die Stube. »Hast du mir neulich nicht von deinem Nachhilfeschüler Horst erzählt, Dorli? Er ist stolz auf dich, wenn du eine gute Antwort gibst. Er kennt keinen Neid; das ist etwas Großes, und deshalb mag ihn auch jeder, trotz seiner schwachen Schulbegabung.«

Dorli schließt ihr Heft. »Ob ich auch mal soweit komme wie Horst? Ich bin noch ein junger Neidhammel. Aber man wird sich

Mühe geben müssen, kein ausgewachsener Neidhammel zu werden.«

Und endlich ist es geschafft: Die Türen springen auf. Dorli beginnt freiwillig zu lesen. Jede Inschrift, jedes Schild wird buchstabiert. Ihr erstes Buch ist für die ganze Familie ein Erlebnis. »Nein, wie ist das schön, wenn die Leute alle so aus den Seiten herauswachsen und lebendig werden!« jubelt sie. »Niemand darf mir jetzt mehr vorlesen.« Und abends holt sie sich Äpfele in ihr Bett, und beide lesen miteinander die alten und neuen Kinderbücher samt dem zusammengeklebten ›Struwwelpeter‹.

Aber Dorli macht nicht beim Lesen halt; sie will auch schreiben. Eines Tages schleppt sie ein dickes schwarzes Heft herbei und tituliert es: ›Ein buch vür meine alten Tage. Damit ich mich noch erinern kan wivil Freude ich hate.‹ Vermutlich denkt sie dabei an die Nachbarin, Frau Gutöhrlein, die zu sagen pflegt: »Dorli, an sein Alter muß man denken, solange man es noch kann.« Außerdem hat das Kind von klein auf die alten Leute im Dorf kritisch beobachtet und über manche Griesgrämigkeit nachgedacht.

In dieses dicke Heft schreibt Dorli alles, was sie bewegt. Der erste Eintrag entstammt der »mutterlosen, der schrecklichen Zeit«, in der sich die Mutter einer Kur unterziehen mußte. Er lautet:

Wen ich keine Muter hette

Muter ist in erhohlung. Ich muß denken wie es ist, wen ich keine Muter hette. Viles ist sehr schön. Daran tröste ich mich täglich. Ich muß mich nich waschen. Niemand schimpft, wenn mein Kleit dräckig ist. Meine Schulaufgaben schmiere ich ganz arg. Und essen tu ich blos, was ich mag. Und wenn ich es nicht verheben kan, dann kan ich immer Eis schleggen gehen. Meine Schue und mein Rad puze ich auch nih. Das ist alles sehr schön. Aber oft bin ich arg allein. Ich habe als arg Heimweh. Nimand tut mich morgends richtig wecken und magen.

Und Abends tue ich immer allein behten. Lieber Schue putzen und schön lernen als ohne Muter. Lieber essen und waschen als ohne Muter. Und liber brafsein und nicht schleggen, und folgen als ohne Muter. Ich habe als arg Heimweh, ja. Nun ist es nur noch fier Tage bis sie wider kommt. Aber auf meinem Kalenter sind es blos noch drei. Weil den lezten Tag bringe ich von selbst herum, den habe ich schon abgerißen.

Der Deibaß

Dorli geht mit auf die Felder und Wiesen und in die Obstgärten. Überall erlebt sie Neues, Erregendes und Wunderbares.

Eines Nachmittags schiebt sie sich vorsichtig ins Studierzimmer, wo der Vater am Schreibtisch sitzt. Sie riecht nach Stall.

»Man muß die Totenglocke läuten. Die Bärbel ist soeben gestorben.«

Bärbel ist des Dorfes letztes Pferd. Als blutjunges Fohlen wurde sie einst mit ihrem Herrn aus Siebenbürgen vertrieben. Längst ist sie alt und steif geworden. Sie hat ihr Leben nur noch sorgfältiger Pflege zu verdanken gehabt.

»Der Deibaß hat sie vollends erschossen«, berichtet Dorli in verhaltener Trauer. »Aber sie war schon vorher beinahe tot.«

»Warst du dabei?«

»Nicht richtig. Ich hatte Angst. Aber für den Deibaß ist es hart. Nun hat er niemand mehr auf der Welt. Ich bin schrecklich traurig, Vater. Jetzt läuten wir die Glocke, ich geh rasch ins Mesnerhäuschen und sag's dem Theobald.«

Aufmerksam blickt der Vater seine kleine Tochter an. Mit Bärbel geht eine Epoche zu Ende. Nun gibt es keine Pferde mehr, die den Menschen helfen, ihre Lasten zu schleppen. Außerdem aber hat die Bärbel den Deibaß, den heimatlosen, unsteten Trinker, vor der tiefsten Stufe des Verkommenseins bewahrt, sie hat ihm eine Daseinsberechtigung und vor allem eine Pflicht gegeben, die ihn hielt.

»Papaaaa! Läuten!«

»Bei Tieren läutet man die Glocke nicht, Kind. Sonst müßten wir ja bei jedem Kätzchen läuten. Das verstehst du doch?«

Dorli schüttelt den Kopf. »Das verstehe ich *nicht*. Ist etwa ein böser Mensch, der stiehlt oder mordet, mehr wert als die herzensgute Bärbel? Nur weil er ein Mensch ist?«

Der Vater antwortet nicht. Hat Dorli in gewissem Sinn vielleicht recht? Die still harrende Kreatur – am Ende ist sie dem Wesen Gottes ebenso nahe wie mancher Mensch, dessen Wille sich gegen den Schöpfer richtet? Trotzdem...

»Es geht nicht, Dorli. Tröste dich, die Bärbel leidet nicht mehr. Du solltest jetzt lieber der Mutter helfen. Sie kocht Gelee, Regine ist auch schon in der Küche. Sicher darfst du auch ein wenig schlecken. Wasch dich zuvor gut, hörst du?«

Mit einem vernichtenden Blick zieht sich

das Kind wieder zurück. Gelee kochen und schlecken! Wo doch die Bärbel soeben gestorben ist.

»Nein, heute abend kann ich nicht beten«, erklärt sie beim Zubettgehen. »Ich verstehe den lieben Gott nicht, daß er die Bärbel hat sterben lassen. Er muß doch wissen, daß der Deibaß ohne sie nicht leben kann. Vielleicht geht's morgen wieder.«

Am anderen Vormittag – er ist schulfrei – bleibt Dorli schon vom Frühstück an einfach verschwunden. Gerade als die Mutter sich Sorgen zu machen beginnt, läutet das Telefon. Es ist die Adlerwirtin.

»Wissen Sie wohl, daß Ihr Dorli mit dem Deibaß in der Wirtschaft sitzt und Schnaps trinkt?«

Große Güte, Schnaps!

»Sie soll so rasch wie möglich heimkommen, falls sie – falls sie den Weg noch sicher genug findet!«

Sehr ernst, wenn auch mit der Andeutung eines ›Fähnchens‹, kehrt die Ausreißerin nach kurzer Zeit zurück.

»Ich muß gleich wieder fort«, sagt sie bestimmt. »Wenn ich nicht neben dem Deibaß sitze, trinkt er zuviel. Ich wollte ihm seinen Schnaps wegtrinken, aber es ging nicht. Er schmeckte wie die Hölle. Deibaß hängt auch immer seinen Schnurrbart ins Gläschen. Ich hab mich was geekelt, Mutter. Ich muß ihn nachher heimbringen, weil er so wackelt, wenn er viel getrunken hat. Dann fällt er auf die Straße, und das erste beste Auto fährt ihn tot.«

Wo bleibt die gut vorbereitete mütterliche Standpauke? Statt dessen eilen Mutter und Tochter gemeinsam in den ›Adler‹ und versuchen, den armen Kerl in seine dürftige Unterkunft zu befördern. Und die Kinderhand übt tatsächlich eine rätselhafte Macht über ihn aus, er rauft nicht und schimpft nicht, er bleibt sanftmütig und läßt sich von Dorli nach Hause führen.

Dorli kennt ihren Deibaß. Man darf ihn jetzt kaum allein lassen. Ohne Bärbel kann er nicht leben. Da er dem Dorli nichts zuleide tun wird, läßt man die beiden denn am kommenden Abend auf einer Hausstaffel im Dorf zum Gespräch zusammen.

»Der Deibaß hat mir von seinem Hündchen erzählt«, so schildert Dorli den Abend. »Er hat geweint. Er hat es damals, als er von Siebenbürgen fort mußte, an den eisernen Schuhkratzer bei seinem Haus festbinden müssen. Es hat gejault, aber es mußte dort bleiben, bis es verhungert und verdurstet ist. Deibaß hört nachts noch, wie es heult.«

Und Dorli kann am Abend vor dem Einschlafen nun doch wieder beten: »Behüt mir nur den Deibaß, lieber Gott, er ist nicht mehr recht im Kopf.«

In der Nacht aber stürzt der Deibaß die Treppe hinter seiner Kammer von oben bis unten hinab. Er war wieder völlig betrunken. Er hat einen Schädelbasisbruch und stirbt nach zwei weiteren Tagen im Krankenhaus. Und Dorli sitzt still auf der sonnigen Treppe vor dem Haus, während Theobald die Totenglocke läutet. Mit ungeschickten Händchen bindet sie einen Blumenkranz für des Heimatlosen Grab. Sie versteht die Weltordnung wieder, und sie weiß es besser als die Großen, daß der Bärbel nun mitgeläutet wird. Denn die Bärbel und der Deibaß können nur zusammen in den Himmel kommen, allein reicht es dem Deibaß nicht ganz.

Bei uns daheim
(Aus Dorlis Buch)

Leider haben wir keinen Flugplatz bei unserem Dorf, nur eine Autobahn.

Mein Vater ist Pfarrer hier, aber sonst ist er normal. Wenn wir abends ›Mensch ärgere dich nicht‹ spielen, ärgert er sich genau wie andere Menschen.

Wir wohnen in einem großen Haus, das schon über ein Vierteljahrtausend alt ist. Es gehört dem Herrn Staat. Es wurde gebaut, als Friedrich der Große und Maria Theresia sich noch hätten besinnen können, ob sie einander heiraten wollen. Diese Weisheit habe ich von unserem Mesner Theobald. Und er sagt, das hätte uns viele Kriege erspart.

Unsere Treppe hat tolle Kurven. Es ist eine Wendeltreppe. Überhaupt ist unser Haus so ungeschickt gebaut, daß es schon wieder geschickt ist. Auf diese Weise kann nämlich nur eine einzige Familie darin wohnen. Wir sind sehr lebendige Kinder, und Vater sagt, wenn wir mit einer Mietpartei zusammen wohnen würden, dann müßten wir vermutlich alle vier Wochen umziehen. Für uns wäre das wunderbar, aber für die Mutter wäre es doch wohl ein bißchen zuviel.

Oben, unter dem Dach, ist unser Zimmer. Da schlafen Regine und ich. Auch ein Kämmerchen für unsere Spielsachen haben wir dort. Früher war das eine Mägdekammer. Da müßte man sich heute schämen, noch jemand darin schlafen zu lassen. Aber früher war die Demokratie unterentwikkelt, das habe ich bei unserem Schulausflug gemerkt, als wir das Ludwigsburger Schloß besichtigten.

Wir dürfen unser Zimmer einrichten, wie es uns Spaß macht. Es sind auch kitschige Sachen darunter. Denn leider haben wir eine heimliche Liebe zum Kitsch. Dort oben merkt es niemand. An den Wänden hängen unsere Lieblinge von Karl dem Großen bis zur Gegenwart. Wir haben sie sehr ulkig zusammengehängt. Ludwig XIV. muß immer die Elly-Heuss-Knapp anschauen und der Mondfahrer Armstrong die Jungfrau von Orleans. Leider ist unser Zimmer im Sommer sehr heiß und im Winter sehr kalt. Umgekehrt wäre es praktischer.

Die Sonne wandert vom Morgen bis zum Abend ums ganze Haus herum, und im Sommer blühen viele Rosen an den Wänden. Neben dem Haus steht die Garage, da wohnt ›Alexander‹, unser Wagen. Samstags wird Alexander gewaschen. Das tun wir nicht gern, und oft holen wir uns Theobald dazu. Einmal waren wir faul und haben nur

Alexanders Hinterteil und die linke Seite gewaschen, an der Vater einsteigt. Und als er dann auf dem Marktplatz parkte, sah er, daß Alexander auf der anderen Seite voll Schmutz war. Seither geht er immer um den ganzen Wagen herum, ehe er einsteigt.

Damals hat Vater gesagt: »Dorli, das war deine Idee.« Das stimmt leider. Ich habe es aber auch am schwersten. Ich muß die Stöße von unten und oben auffangen. Mutter tröstet mich manchmal und sagt: »Du bist unser goldenes Mittelstück, ohne dich würde die Familie schnell in ihre einzelnen Teile auseinanderfallen.«

Es ist nicht leicht, ein gutes Mittelstück zu sein. Freilich ist es auch wieder gut, daß *ich* das Mittelstück bin. Regine ist zwar eine durch und durch brüderliche Schwester, aber manchmal bekommen wir doch Streit. Mehr verrate ich nicht. Geschwister sollen einander beschützen, wenigstens nach außen. Sonst können sie sich ruhig verprügeln, dabei werden sie kräftig. Sie müssen bloß vorher die Fenster zumachen, damit niemand sie hört und die Eltern nicht herbeistürzen und sich in Dinge einmischen, von denen sie überhaupt nichts verstehen.

Wenn Äpfele lieb ist, bekommt sie mein Fahrrad. Denn trotz ihrer Jugend fährt sie wie ein Räuber. Wenn Regine mahnt: »Paß aber auf, Äpfele«, dann ruft sie zurück: »Oh, die Autole weichen schon aus!« Mutter sagt, wenn sie das kleine Äpfele so tollkühn mit dem großen Rad umgehen sieht, stehen ihr die Haare zu Berge. Aber leider stehen sie ihr nie zu Berge; das möchten wir alle zu gern einmal sehen.

Wenn der Goldregen blüht, holen wir das Badewännchen ins Gärtchen vor dem Haus, und Äpfele darf unter dem Goldregenstrauch baden. Das gefällt ihr.

Gegenüber vom Gärtchen, auf der anderen Seite der Straße, steht das Brüderdenkmal [Kriegerdenkmal]. Da ist fast von jedem Haus jemand hineingeschrieben, der in den Kriegen gefallen ist. Früher gab es nämlich auch bei uns dauernd Kriege, als die Leute noch ungebildet waren.

Hinter dem Denkmal, auf einer Anhöhe, beginnt der Kirchgarten. Wenn Theobald, mit seinem kaputten Fuß vom Krieg, nachts nicht schlafen kann, dann denkt er an seinen Kirchgarten und wie er die Blumen pflanzen will. Auf der höchsten Stelle steht unsere Kirche. Die Turmuhr und der goldene Gockelhahn schauen gerade zu mir durchs Dachfenster in mein Bett herein. Deshalb wußte ich schon, wie die Uhr geht, als ich noch den Kindergarten besuchte, und alle Kinder staunten über mich. Man kann sich nicht vorstellen, daß der Gockelhahn so groß ist wie ein Pony. Als die Kirche reffoniert [renoviert] wurde, stand er unten in der Scheune. Und als niemand es sah, ritt ich auf ihm. Auf dem Turm hätte ich Angst, obwohl es doch dasselbe wäre.

Von der Kirche geht es dann richtig ins Dorf hinein. Dort gibt es schiefe kleine Häuser mit eingesunkenen Dächern, aber auch stolze Schlösser und moderne Bungalows. Zum Versteckspielen sind die alten Häuser am besten. Es gibt arme Leute bei uns, aber auch Millionäre. Opas, Omas, Deutsche, Amerikaner und Mohammedaner; Arbeiter, Bauern und Leute, die vor lauter Vornehmheit nicht sehen, wenn wir Kinder sie grüßen. Ja, es gibt immer noch viele Kühe und Hühner im Dorf und sogar Schafe, Gänse und Ziegen. Und natürlich auch Hunde und Kätzchen, bloß Pferde keine mehr. Am unteren Ende des Dorfes haben wir ein Sportheim und oben eine Friedhofshalle.

Wir sind etwa dreihundert Kinder in unserem Dorf, und wir kennen uns alle. Abends treffen wir uns immer beim Milchhaus. Wir kleineren treffen uns an der linken Seite, die größeren rechts und die Pärchen hinten, wo keine Straßenlaterne mehr hinleuchtet. Man erfährt dort oben rasch, ob jemand mit dem Traktor in den Graben gefahren ist und welcher Fußballverein am Sonntag kommt. Wir helfen einander bei Preisrätseln, lernen neue Schlager und Judo für unsere künftige Ehe.

Sobald es dunkel wird, läutet Theobald

die Abendglocke. Es ist nicht schwer für ihn, er muß bloß auf einen Knopf drücken. Dies ist das Zeichen, daß wir Kinder eigentlich nach Hause sollten. Aber immer gehen wir nicht; wir verstecken uns dann noch ein wenig im Dorf oder in einer Scheune.

Am schönsten ist es, wenn im Sommer die Ernte vorbei ist. Dann kommt der Kirchweihsonntag. Da reisen Karusselleute an, und mit der Besitzerin bin ich befreundet. Ich bin auch schon einmal in ihren Wohnwagen eingeladen worden, weil ich ihr Bübchen gehütet habe; es mag mich. Es ist blitzsauber dort drinnen. Jedes Schränkchen ist in seinen Maßen genau berechnet, damit alles hineinpaßt. Nur mit dem frischen Wasser ist es ein bißchen schwierig für die Leute. Wenn ich ihnen einen Strauß bringe, weil sie sich immer über Blumen freuen, bringe ich auch gleich das Wasser mit. Ich bekomme jedesmal ein paar Freikarten dafür. Im Winter ist es aber auch schön, nicht bloß im Sommer. Da haben die Häuser in der Dämmerung alle so leuchtende Guckaugen unter ihren Schneemützen. Und wir können den ganzen Tag Schlittenfahren auf Sälzers Wiese.

In der Stadt habe ich eine Hochhausfreundin. Sie ist aus meiner Klasse, sie ist aus dem Dorf fortgezogen. Man darf richtig lange mit dem Aufzug fahren, wenn man sie besucht. »Dorli, was bist du für eine Landpomeranze«, sagt sie zu mir, wenn wir von ihrem Balkon aus auf die Straße hinunterschauen. »Bis wir groß sind, gibt es keine Dörfer mehr.«

Das kann schon sein. Deshalb muß ich es aufschreiben, damit meine Kinder sich später trotzdem vorstellen können, wie schön es in den alten Dörfern einmal war.

Märchenmagen

»Es war einmal ein König, der hatte einen Märchenmagen.« So beginnt eines von Dorlis selbst erdachten Kurzmärchen. »Dieser König konnte alles essen und trinken, was er wollte, und nie wurde ihm schlecht. Er wurde auch kein bißchen dick. Morgens aß er zehn Sahnetörtchen und zwanzig Mandelhörnchen, zum Mittag gebratene Hähnchen mit Fritz [pommes frites] und abends jeden Tag etwas anderes. Er besaß ein Schloß aus Nußschokolade und einen Brunnen, aus dem dauernd Soft-Eis floß. Das Schloß wuchs immer nach. So aß er denn und aß und war den ganzen Tag glücklich und zufrieden sein Leben lang.«

Solche Wohlstandsmärchen können nur Kinder erdichten, die über einen gesegneten Appetit verfügen. Dorlis fröhlicher Materialismus läßt auch selten etwas zu wünschen übrig.

Dennoch gibt es einige Gerichte, von denen sie behauptet, sie seien nicht eßbar. Fischfilet zum Beispiel. Da sitzt sie denn vor ihrem Portiönchen, das die Mutter, nach Vaters Argumentation bar jeder erzieherischer Disziplin, lediglich als Zierat auf den Teller häufte – und würgt und würgt.

An solchen Tagen artet die friedliche Mahlzeit beinahe zu einer Familientragödie aus. Vor allem, weil der Vater immer wieder von autoritären Anwandlungen altmodischen Zuschnitts befallen wird. Diesmal beginnt er zu drohen: »Dorli, ich sage dir, es wird leergegessen – oder...«

Dorli springt auf. »Und *ich* sage dir: Jedes böse Wort wird im Himmel aufgeschrieben!«

Sie zieht ihre Konsequenzen. Beim nächsten Fischessen betritt sie schnuppernd die Küche. »Ich habe mich entschlossen, ein Magenopfer zu bringen. Ich faste heute – für die vielen Hungernden der Erde.«

»Wieso, was gibt es denn?« fragt der Vater, der hinterher kommt.

»Fischfilet«, erwidert die Mutter.

»Gibt es auch Nachtisch?«

»Erdbeerspeise.«

»Dann schlage ich vor, daß Dorli ihr Magenopfer erst bei der Erdbeerspeise bringt. Fisch ist gesund.«

Er zwinkert dabei nicht mit den Augen; er meint es ernst. Auch Mutters Einwand, zum Fischessen könne man niemanden zwingen, wird nicht akzeptiert.

Aber auch Dorli meint es ernst mit ihrem ›Opfer‹. Papa weiß nicht, auf was er sich einläßt. Weh euch, ihr halbvollen Kinderteller, die ihr alle Erzieherweisheit zuschanden macht! Der Fisch wird nicht angerührt. Und so kommt Dorli samt ihrem Teller auf die Bodentreppe, wo sie bleiben muß, bis leergegessen ist. Doch warte nur, gestrenger Vater! Warte, bis dein Herz zerbricht! Nie mehr wirst du ungestraft in die Gewissenssphäre deiner Tochter eindringen!

Am Abend überwindet sich der väterliche Stolz. »Nun, Dorli, wollen wir zusammen fertigessen? Sonst mußt du auf der finsteren Bodentreppe übernachten.«

Die kleine Tochter erhebt sich mit Würde. »Das macht mir gar nichts aus. Nur solltest du mich rasch aufs Örtchen lassen. Dann kann ich gut auf der Treppe schlafen.«

Regine und Äpfele, die sensationslüstern »nur nebenbei« vorübergehen, versuchen die Lage zu entspannen. »Da war wohl wieder mal Dr. Trotzky Bock zu Besuch?« meint Regine. »Denk an die Inder, Dorli. Was meinst du, wie viele Kinder morgen früh wieder tot aufwachen, nur weil sie keinen Fisch bekommen haben.« Und Äpfele fügt hinzu: »Sei papfer, Kind!«

Aber Dorli zeigt nur ihre Zunge.

Auch Vaters letzter Ausweg – eine erzieherische Nachhilfe auf den dafür geschaffenen Körperteil – bleibt ohne Wirkung.

Das feinfühlige Äpfele drückt sich in eine Ecke und weint still in sich hinein. Wie eine dunkle Wolke lastet der Unfriede über dem Haus.

Schließlich hofft die Mutter, ein Mittel gefunden zu haben – bei dem Vater allerdings meint, es treibe den Teufel mit Beelzebub aus. Aber heiligt in diesem wörtlich ›verhockten‹ Fall pädagogischen Versagens nicht der Zweck die Mittel? »Dorli, wenn du ausgegessen hast, gibt es eine Tasse Kaffee.«

Das Stichwort hilft. Mit der Tapferkeit eines Helden und geschlossenen Augen schluckt Dorli ihre kalte Andeutung von Fisch hinunter, und dann wird ein Puppentäßchen gerichtet, dampfender Bohnenkaffee hineingegossen, und die Familie begibt sich, vom Druck um das verstoßene Kind spürbar befreit, zu *dem* Ereignis des Tages: Dorli darf ein Tröpfchen Sahne zugießen und verklärt zusehen, wie es Bahnen zieht, untersinkt, sich verbreitet, immer wieder unerschöpflich neue Wege und Formen findet, bis es aufgelöst ist und sich das tiefe Schwarz – o Wonne! – in Mokkabraun verwandelt hat.

Wer wollte bestreiten, daß eine Tasse Kaffee eine auserlesene Gabe ist! Sie hat es fertiggebracht, Vaters Gesicht zu »entfalten«, wie Dorli sagt. Auch er darf immer wieder ein Schlückchen aus der Puppentasse nehmen. »Jetzt siehst du wieder normal aus«, stellt Dorli befriedigt fest. »Wer wird denn so eigensinnig sein, wenn ich ein Magenopfer bringen will? Solltest du morgen aus Erziehungsgrundsatz unbedingt wieder Fischfilet verlangen, dann machen wir's kürzer, nicht?« Ach ja, gute Erziehung – ihr Väter, ist sie nicht manchmal ein Bumerang?

Natürlich gibt es auch das Gegenteil von Fisch. Es heißt Spinatpudding. Im Frühling nützt die Mutter jede Woche die Vorliebe ihrer Familie für das frische Gemüse aus; es wuchert üppig im Garten. Das Schicksal will es, daß fast jedesmal ein Gast hereingeschneit kommt, der zum Essen bleibt. Die Mutter freut sich, denn alle Gäste mögen Spinatpudding, und jede Hausfrau hat gern Glück mit überraschenden Gästen. Zuvor ergeht ein mahnender Blick an die Kinder: FHZ-Kur, bitte! (Familie hält zurück.)

Im allgemeinen tragen sie ihr unabänderliches Schicksal gelassen. Als einmal jedoch gerade beim Anrichten die Fürsorgerin kommt, wird sie von Dorli sofort zu Tisch geführt. »Aber, Kind«, ruft sie verwundert, »ich will doch gar nicht bei euch essen!«

»Der liebe Gott will es«, entgegnet Dorli ergeben. »Er will, daß wir nicht so egoistisch sind und Spinatpudding allein essen.«

Nach der Mahlzeit sitzen die Eltern mit dem Gast noch zu einer Tasse Kaffee beisammen. Die Mutter holt aus der Verschwiegenheit ihrer Anrichte den gut gehüteten Schatz feinen Sandgebäcks hervor. Beim Öffnen entfährt ihr ein Schreckensruf. »Dorli, bist du am Ende an die Kekse geraten? Sieh her, was soll das?«

»Nicht ein einziges Stückchen habe ich gegessen«, beteuert das Kind im Gefühl ehrlicher Unschuld. »Ich habe nur jedes ein – ganz – klein – bißchen angeknabbert. Man sieht es kaum, und es ist gleichmäßig bei allen.«

Auch an Mutters Geburtstag gibt es Spinatpudding. Die Kinder decken den Tisch und überbieten sich an Opferbereitschaft und erfinderischer, etwas strapaziöser

Liebe. Nach dem Mittagessen reicht Äpfele der Mutter gar noch ein paar Wassertropfen aus einem Gläschen, so wie sie es bei Frau Gutöhrlein gesehen hat. Es soll gut sein gegen Altersbeschwerden. »Und nu kriegs du hofferdlich bald silbernes Haar«, sagt sie.

Beim Geburtstagskaffee darf Dorli, auf inständiges Bitten, den Kuchen zum erstenmal allein aufschneiden. Was sie aber dann auftischt, überbietet alle Erwartungen. Kreuz und quer sind die Stücke geschnitten, klein und wieder riesengroß. »Es ist unsinnig, einen Kuchen regelmäßig aufzuschneiden, denn jeder Mensch hat einen anderen Magen«, findet sie. »Und dieses« – sie deutet auf ein überdimensionales Stück – »gehört sowieso mir, weil ich den Kuchen aufgeschnitten habe.«

Dann packen die Kinder ihr Geschenk für die Mutter aus. Sie haben deren Stoßseufzer: »Was koche ich nur morgen wieder?« für bare Münze genommen. Einen Monat lang fragten sie alle Kinder in der Schule, was es am Vortag jeweils zu Mittag gegeben habe. Die Menüs wurden aufgeschrieben und mit Malereien verziert.

Es ist ein sehr aufmerksames Geschenk, täglich neu rührend und versöhnend. Eigenartig ist nur, daß die Mütter in Regines Gymnasium über die Bedeutung der Fische für die menschliche Gesundheit anscheinend noch nicht aufgeklärt sind. Wenigstens hat die Mutter ›Fischfilet‹ in diesem Heft nirgends gefunden.

Im Kinderzimmer am 24. Dezember
(Aus Dorlis Buch)

Es ist furchtbar, bis der Heilige Nachmittag vollends durchgewartet ist. Deshalb schreibe ich in mein Buch, dann geht es vielleicht schneller. Den Fernseher mag Papa heute nicht, und das Radio steht im Weihnachtszimmer. So stellen wir lauter dummes Zeug an, weil niemand warten hilft.

Draußen sinken leise die Flocken am Fenster vorbei. Das schreibe ich aber nur ausgedichtet. Wir haben heuer überhaupt keinen Schnee. Ich kann es nicht verstehen, lieber Gott, daß du bei dieser Kälte nicht vorher hast schneien lassen. Es ist mir nicht nur wegen uns Kindern, weil wir nicht Schlitten fahren können. Es ist mir wegen der Äcker und wegen meiner Vergißmeinnicht im Gärtchen. Heute ist es ausnahmsweise nicht kalt.

In einem Punkt ist mir nicht ganz behaglich zumute: Ich habe für meine Eltern keine richtigen Geschenke zusammengebracht. Mutter kriegt eine Orange in einem Waschlappen, den ich gehäkelt habe. Von selbstgehäkelten Waschlappen wird sie sauberer. Vielleicht sagt sie das aber nur aus Liebe oder aus Erziehung. Für Papa habe ich gar nichts fertiggebracht. Ein Paar Sokken habe ich angefangen, doch sie sind bloß bis zum Käppchen gediehen, und alle Nadeln stecken noch drin. Wie sieht das aus, und vollends noch unter dem Weihnachtsbaum! Aber alle von meiner Klasse sagen es, Väter sind schwierige Menschen. Nie weiß man, was man ihnen schenken soll. Am liebsten würde ich ihm eine Eisenbahn schenken, dann bekäme er endlich auch einmal etwas Richtiges, nicht immer bloß Socken und Krawatten oder Manschettenknöpfe und Bücher. Wir könnten so herrlich zusammen spielen. Aber bei uns in Deutschland ist es Sitte, daß nur Jungen eine Eisenbahn bekommen und Mädchen nicht, obwohl wir gleichberechtigt sind.

Doch leider sterben alle meine brauchbaren Pläne am Geld, das ich nicht habe.

Mutter ist hinter der Tür. Schlimm ist, daß es für solch eine schöne alte Tür keinen Schlüssel mehr gibt. Darum hat Mutter ein Leintuch dahintergespannt, damit wir nichts sehen, falls jemand aus Versehen oder aus Spicklust die Tür aufmacht. Wenn wir allzu aufgedreht sind, guckt sie geschwind herein. »Kinder, jetzt grade seid ihr ein bißchen unerträglich«, sagte sie vorhin. Liebe Mutter, heute liegt es nicht an uns, sondern am Tag. Regine ärgert mich auch dauernd, weil sie nichts anderes zu tun weiß. Aber ich übe mich in Geduld. Diese Geduld ist dem Jesuskind sein Weihnachtsgeschenk, es will ja nur Inneres.

»Jetzt kann ich es nicht mehr erwarten«, ruft Äpfele. Bei Äpfele muß man aufpassen, daß sie sich nicht überfreut. Sie hat selbst Angst davor, deshalb fängt sie plötzlich an zu weinen. Doch nachher, wenn sie sich bei mir ausgeweint hat, kann sie es wieder aushalten.

»Kinder, noch eine Viertelstunde, dann dürft ihr euch zur Kirche fertig machen«, ruft die Mutter. Nun öffnet sie ein wenig die Tür und guckt herein. Sie hat ein richtiges Weihnachtsgesicht. Jetzt dauert es nicht mehr lange. Theobald läutet schon die erste Zeichenglocke.

Lieber Gott und Herr, ich danke dir, daß du mir auch diesmal wieder durch die schweren Stunden hindurchgeholfen hast. Amen.

Pfarrerskinder

Längst ist das Weihnachtsfest vorüber, und an verschneiten Wintertagen stehen die Schwestern sehnsüchtig am Fenster und warten auf den Frühling, auf die Osterferien und auf die Spiele in Hof und Gärtchen.

Eines Tages ist es dann soweit. Die Dorfkinder pfeifen vor dem Haus. »Dorli, komm!« Und Dorli eröffnet die Spielsaison. Die Osterferien beginnen, es sind die letzten vor ihrem Übertritt ins Gymnasium.

In den Gäßchen und Straßen des Dorfes spielen die übrigen Kinder mit Murmeln, Hüpfseilen und Reifen in der Märzensonne. Im Pfarrhof aber spielen sie, was die Großen im Ernst ausführen, und sie vollziehen damit häufiger, als sie ahnen, den gewagten Schritt vom Erhabenen zum Lächerlichen.

Am Palmsonntag erläutert Dorli ihren Kameraden die tieferen geistlichen Aspekte der Passionszeit: »Die Karwoche ist eine ernste Woche, da können wir nicht einfach herumtollen, wie wir wollen. Mein Vater muß seine Ruhe haben. Unsere Herzen müssen schwarz werden vor Trauer. Aber nicht nur innerlich, wo man es nicht kontrollieren kann, sondern auch äußerlich, wo man es sieht. Wir werden uns eine ganze Woche lang nicht waschen und auch keine Zähne putzen.«

Dieser Vorschlag findet uneingeschränkte Anerkennung, zumal Dorli mit den Jungen ihrer Klasse spielt. Sodann beschließen die Kinder, von Dienstag bis Freitag ein Magenopfer zu bringen und auf alle Süßigkeiten zu verzichten mit Ausnahme von Kaugummi. Dorli wäre von sich aus nicht derartig gesetzlich vorgegangen. Es fällt ihr schwer, ein solches Gelübde zu halten. Aber der Großteil der Kinder hat »gerade eine ganz fromme Strähne«, außerdem werden manche unter ihnen recht dick. »Da muß man sich eben in einer Demokratie fügen.«

Am Karfreitag tröstet sich die Schar ge-

genseitig. »Heute müssen wir zwar manierlich sein. Aber einen Tag im Jahr kann man den unnormalen Zustand aushalten.«

Am Karsamstag endlich werfen die Kinder mit großem Ostergelächter, das allerdings mehr einem Freudengeschrei gleicht, alle schwarzen Tugenden ab. Es wird ein Osterkuchen geschleckt und irgendein zerbrochener Schokoladenhase geschlachtet; am Abend putzen sich alle Kinder ausgiebig die Zähne, und auch Dorli steigt freiwillig in die Badewanne.

Sobald die Festtage vorüber und die verdorbenen Mägen auskuriert sind, kommen neue Spiele an die Reihe: ›Hochzeit‹ und ›Taufe‹. Stets muß Dorli dabei die Pfarrerin abgeben. Ihre Generation, der Gleichberechtigung selbstverständlich ist, wird von der ›Frau im pfarramtlichen Dienst‹ nicht mehr angefochten. Sonst allerdings ist die weibliche Besetzung bei den Spielen knapp. Aber Jungen können, sobald sie niemandem ihre ihnen anerzogene ›Männlichkeit‹ beweisen müssen, sehr geschickt und ritterlich mit Puppen umgehen; sie tun es zwischendurch sogar ausgesprochen gern.

Der Nachmittag beginnt folgerichtig mit der Anmeldung der Puppenkinder zur Taufe. Die Hochzeiten folgen erst später.

Unter dem Rosenbogen wartet die Pfarrerin. Sie trägt ein Barett aus schwarzbemaltem Zeitungspapier, da der Vater das seinige aus unbegreiflicher Hemmung heraus nicht stiften wollte. Ein dunkler wallender Morgenmantel, eine schwarze Pelzstola und ein Riesenbilderbuch vervollständigen die würdeheischende Erscheinung.

»Guten Tag«, beginnt Thomas, »wir haben Zuschuß bekommen und möchten ihn taufen lassen.«

»Es heißt ›Zuwachs‹. Wie wollt ihr euer Kind nennen?«

»Das ist piepe. Vielleicht Eberhard.«

»Gut. Ich notiere: Eberhard Nimmerlieb. Der Nächste bitte! Warum hast du keine Zwillinge, Kurt? Einer von euch muß unbedingt Zwillinge beibringen, sonst wird es langweilig.«

Schließlich finden sich acht mit Puppentäuflingen gesegnete Väter unter dem Rosenbogen ein. Kurt bringt sogar Drillinge mit, die allerdings nur mit viel Phantasie als Geschwister erkennbar sind.

Hoheitsvoll empfängt Dorli den Zug. Im Hintergrund arrangiert Regine ein mächtiges Glockengeläute mit Schürhaken und Kochdeckeln. Die Väter stellen sich, tapfer ihre Puppen vor sich hin haltend, im Halbrund vor Pfarrerin Dorli auf.

Diese, im Bewußtsein eines bedeutungsvollen Augenblicks, räuspert sich mehrmals. »Liebe Väter! Der Herr, unser Gott, hat euch in eurer schweren Stunde gnädig geholfen und euch diese gesunden Kinder ans Herz gelegt. Dafür wollen wir nun als erstes ...«

»Ja, ich will!« ruft Plischke laut, denn er strebt zielbewußt nach dem Schokoladenpudding, den Regine im Gärtchen unter der Birke bereithält.

»Sei still, oder ich nehme dir dein Kind«, ermahnt ihn die Pfarrerin. »Zuerst wird noch gesungen. Vorher wird nicht abgehauen. Was könnt ihr für Lieder?«

Das männliche Repertoire ist bescheiden. Unter Gemurmel einigt sich die Taufgesellschaft auf »Hänschen klein«.

Dann aber ist das Maß der Förmlichkeit voll. Die jungen Väter streben zu Speise und Trank und sitzen nach wenigen Sekunden, alle Strapazen von Geburt und Taufe hinter sich lassend, um ihren Pudding.

Nur Dorli kann nicht mitgenießen. Im ganzen Haus sucht sie nach Sonnenbrillen und alten Drahtgestellen samt Futteralen. »Zu einer Hochzeit braucht man Brillen und große Taschentücher, damit die Brauteltern auch richtig weinen können«, klärt sie die Mutter auf. Die getauften Puppenkinder dürfen bewußt an den Freuden der Hochzeit teilhaben. Dorli wird nämlich nie verschmerzen, daß die Eltern einst ihre traumhafte Hochzeit feierten, ohne auf sie gewartet zu haben. »Mir wird eine solche Herzlosigkeit nicht passieren!« prophezeit sie.

Taufen sind schlichte Handlungen. Aber Hochzeiten! Man braucht Sitzgelegenheiten, Blumen, Handschuhe, Gesangbücher, Brillen – und nicht zuletzt einen Schleier für die Braut.

Endlich, nach ausgedehnten Vorbereitungen, kann sich der Zug hinter dem Komposthaufen formieren. Äpfele spielt die Braut, und sie stellt in einem Schleier aus Mutters Kleiderschrank ein außergewöhnlich liebliches Bräutchen dar. Sie gibt ihre Anweisungen, wobei sie in der Wahl ihrer jeweiligen Gatten nicht zimperlich ist: »Plischke darf bis zum Rosenbogen führen, in der Kirche darf Thomas und beim Essen Kurt.«

Nach gewaltigem Glockengeklapper steht das Brautpaar vor der jugendlichen Pfarrerin. Diese verläßt bald die gebundene Rede und gestaltet den Fluß ihrer Worte so frei, wie es die Umstände erfordern. »Wer eine Brille besitzt, setzt sie jetzt auf. Die Brauteltern können schon anfangen mit Schluchzen. Aber ein bißchen schön, nicht so laut wie ein Wolf! Und dazwischen tüchtig husten. – Und nun wende ich mich an euch, liebe Brautleute. Streitet nicht dauernd. Denkt an eure sechs Kinder. Vermahnet sie im Herrn, damit sie im Zug die Notbremse nicht ziehen, auch wenn es sie noch so sehr gelüstet. Mit der Scheidung wartet ihr besser, bis eure Kinder vollends erwachsen sind. Und nun gebet einander die rechte Hand. Äpfele, du verwechselst immer noch rechts und links, man sollte dich nicht heiraten lassen.«

»Amen«, haucht Äpfele verzweifelt. »Mein Sleier kratzt mich. Ich *kann* es nicht mehr aushalten!«

»Hopp, einsegnen jetzt«, fordert Thomas energisch.

»Also, denn eben«, lenkt die Pfarrerin ein. »So wollet euch denn niederlassen.« Dieses Lieblingswort der kleinen Seelenhirtin klingt ganz anders als das »Setzt euch!« in der Schule. »Braut, du darfst das Lied wählen.«

Auch des errötenden Bräutchens Liederschatz ist noch nicht groß. »Ihr Kinderlein, kommet…«, flüstert sie. In der Frühlingsluft klingt dieses tiefsinnige Hochzeitslied dank der kräftigen Jungenstimmen, die auch in der Höhe nicht auf ihre Brusttöne verzichten wollen, wahrhaft herzbewegend.

Daß sich schon beim Festmahl alle Bande frommer Scheu lösen, ist nicht nur im Kinderland so. Die Braut legt freiwillig ihren Schleier ab, denn er gibt warm und ist unbequem. Die gesättigten Brautführer brauchen etwas mehr Bewegung. Bald ist die hochzeitliche Stille dem üblichen Lärm gewichen.

›Räuber und Gendarm‹ scheint ihnen jetzt angebracht. Die junge Pfarrerin, die nicht unter der Spannung zwischen geistlicher und weltlicher Existenz leidet, stürmt an der Spitze mit davon. Schon ist das ganze Dorf zum Spielplatz erklärt, durch die Gassen und Winkel tönen ausgelassene Stimmen.

Unter dem Rosenbogen aber schlummert eine Reihe geduldiger Puppenkinder in einer schwarzen Pelzstola neben einem Riesenbilderbuch. Sie sind Kummer gewöhnt und werden noch mancherlei geistliche Zeremonien über sich ergehen lassen müssen. Regine nimmt sich der verlassenen Schar an. »Ihr seid eben Pfarrerskinder-Puppen«, sagt sie lachend. »Solange ihr noch nicht beerdigt werdet, dürft ihr zufrieden sein.«

Elisabeth

Welches Kind im schwäbischen Unterland liebt ihn nicht, den über tausendjährigen Wimpfener Talmarkt zur Mittsommerzeit? Die Türme der alten Reichsstadt spiegeln sich im Neckar. Unten auf dem Uferplatz dudeln die Karussels, hupen die kleinen Autos, brutzeln die Bratwürste. Hinter schattigen Kastanien verbirgt sich die berühmte romanisch-gotische Kirche, die Zufluchtsstätte und gegenwärtige Heimat der Grüsauer Mönche.

Auf dem Markt ist es laut und heiß, und so betreten die Eltern mit ihren drei Töchtern für ein paar Minuten das kühle, dunkle Kirchenschiff. Geheimnisvoll brennt das Ewige Licht, leiser Weihrauchduft zieht vorüber, und vielerlei Kinderwünsche vom wilden Jahrmarkt finden hier in ihre Ordnung und Ruhe zurück.

Nach einer Viertelstunde aber drängt es die Kinder wieder hinaus ins sonnenbunte Leben. Alle drei schweben in selbstvergessener Seligkeit, im ersten taufrischen Erleben eines Jahrmarktes. Äpfele darf wieder einmal Huckepack reiten. Dorli wird von der Lust übermannt, den Eltern das letzte Kleingeld aus der Tasche zu locken. In ihrer Begeisterung will sie an allen Herrlichkeiten teilhaben. Sie braucht plötzlich ein Stück Spitze vom Spitzenjakob, sodann eine rote Wurst mit viel Senf, danach ein sahniges Eis, Zuckerwatte und Magenbrot. Und natürlich muß man Karussell fahren und in der Geisterbahn das Gruseln lernen. Und ach, den Kasperle, den geliebten Kasperle, will man unbedingt begrüßen!

Nun aber ist Schluß! Einmal muß Abschied genommen werden. Doch gerade beim Verlassen des Festplatzes bleibt Dorlis Blick an einer Losbude hängen. Da muß man Bälle in einen kleinen Eimer werfen, und wer hineintrifft, bekommt die wunderbarsten Sachen: Riesenpuppen in duftigen Kleidern, Teddybären, Flugzeuge und Feuerwehrautos.

Die Frau hinter dem Tisch freut sich mit an dem aufgeweckten Mädchen. Sie ermuntert das Kind. Dorli bettelt »zum letztenmal, zum allerletzenmal!« an Vater herum, und schließlich hält sie einen der kleinen Bälle in den Händen.

Drei Schüsse darf sie tun. Doch der erste geht sehr daneben. Und auch der zweite. Aber der dritte?

Es gibt weltgeschichtliche Bälle, zum Beispiel Fußbälle, von denen man nie erfahren wird, ob sie eigentlich richtig ›drin‹ waren.

So auch hier. Die Mutter bildet sich ein, gesehen zu haben, daß die gute Frau gewandt ein wenig nachgeholfen hat. Aber man kann sich täuschen. Jedenfalls holt sie einen großen rosa Plüschbären vom Regal. »Wir können ihn nicht mehr regulär absetzen«, flüstert sie der Mutter ins Ohr. »Er platzt hinten. Aber Sie können ihn gewiß noch ein wenig ausbessern. Es ist solch ein entzükkendes Kind, da möcht man halt sehen, wie es sich freut.«

Dorli bekommt das Plüschungetüm über den Tisch gereicht, und sie bedankt sich so charmant, daß die Frau sicher noch am Abend mit warmem Herzen daran zurückdenkt.

Und dann muß der mächtige Gewinn im Auto verstaut werden, denn jetzt geht es unwiderruflich nach Hause. Dorli ist benommen vor Glück. »Was denkt ihr, wie meine Schulkameraden staunen!«

Aber »des Lebens ungemischte Freude ward keinem Irdischen zuteil«. Regines wache, nicht ganz neidlose Aufmerksamkeit vermutet ebenfalls, daß der Ball nur unter Nachhilfe in den Eimer gelangt ist. »Der Bär ist ein Ladenhüter, Dorli. Du warst ihnen grade gut genug, weil du noch so dumm bist. Mit mir hätten sie das nicht machen können.«

Beim Heimkommen stellt sich heraus, daß der Bär ein recht verstaubter Bursche ist. Bis zum Abend ist, dank Äpfeles Nachhilfe, schon ein Arm abgebrochen, und auch die Holzwolle schafft sich beim Nachbohren, dem man nicht widerstehen kann, laufend heraus. Am anderen Morgen riecht das ganze Kinderzimmer nach dem fremdartigen Wesen. »Es riecht nach Zigeunern«, konstatiert Regine. Äpfele rührt den Bären nicht mehr an, seit er unter ihren Händen plötzlich den Arm verlor.

Dorli kämpft mit einem Gemisch von Hilflosigkeit und Enttäuschung. Wie großartig hatte sie sich heute ihren Triumphmarsch durchs Dorf vorgestellt! Aber zwischen den anderen Puppen schaut der Bär wirklich grob und häßlich aus. Auch die Flickversuche und sichtbaren Bemühungen der Mutter, ihm mit einigen schwarzen Stilstichen ein wenig Kultur beizubringen, sind nicht von durchschlagendem Erfolg gekrönt. Fremd, ungetauft und bald auch vergessen sitzt er in der Puppenecke, von niemandem geliebt, nur notgedrungen geduldet. Ab und zu wirft ihm Dorli einen aus Haß und Mitleid gemischten Blick zu. Sie empfindet es dunkel als recht ungehörig, die schuldlose Kreatur kaltblütig beiseite zu stellen.

Die Woche vergeht. Der Sonntag ist hochsommerlich schwül, und am Abend können die Kinder nicht einschlafen. Die Mutter nimmt sich noch etwas Zeit, sitzt an die Betten und erliegt endlich den Bitten um eine Geschichte. »Heute aber kein Märchen, sondern etwas Wahres, das ist kühler«, meint Regine.

In Gedanken nochmals die schöne gotische Talkirche mit ihren Grüssauer Mönchen besuchend, kommt der Mutter das Lebensbild der heiligen Elisabeth in den Sinn.

Sie erzählt von dem ungarischen Königskind mit dem langen schwarzen Haar und der braunen Haut. In frühen Jahren wurde die Prinzessin aus ihrer südlichen Heimat auf die düstere, kalte Wartburg geschickt. Es gelingt der Mutter, etwas von dem inneren Feuer, das in dem glutäugigen jungen Mädchen brannte, zum Leben zu erwekken. Gebannt hören die Kinder zu, wie Elisabeth ihre kindlichen Opfer brachte und mitten im wildesten Spiel aufhörte; wie sie später, nach dem Tod ihres geliebten jungen Gatten, die Pestkranken pflegte, von denen ihr keiner zu häßlich war, um ihn ins eigene Bett zu legen, und wie sie schließlich selbst ein Opfer ihrer bedingungslosen Hingabe wurde.

Inzwischen ist es draußen ganz nacht geworden. Die drei Schwestern sitzen, was sich selten genug ereignet, einträchtig und schweigend beisammen. Fern zuckt ein Wetterleuchten auf.

Plötzlich schießt Dorli durchs Zimmer in die Puppenecke und drückt den fremden Bären an sich. »Nun weiß ich endlich, wie wir dich nennen werden: Elisabeth. Du sollst den schönsten Namen haben, du armes, häßliches Geschöpf, das wir bis heute nie geliebt haben. Du bist unschuldig. Heute nacht darfst du in meinem Bett schlafen!"

Erlöst drückt sie das Plüschwesen in die Ecke ihres Bettes und schläft, trotz eines herangrollenden Gewitters, bald danach ein.

Regine zieht behutsam Mutters Kopf zu sich herunter. »Dennoch bin ich froh, daß der Bär nicht auch noch die Pest hat.«

Feierlich erfolgt am anderen Tag Elisabeths Taufe. Der Name paßt wie die Faust aufs Auge. Aber dann wird genäht und gestickt, Äpfeles feinstes, zu klein gewordenes Kleidchen gebügelt, mit Tüll und Spitze garniert, ein Mützchen angefertigt, eine hübsche Sonnenbrille gesucht – und das Wunder geschieht: Das plumpe Ungetüm gewinnt so etwas wie eine Persönlichkeitsnote, ja es wird geradezu anziehend.

Mit dem Namen ›Elisabeth‹ bekommt die Bärenpuppe einen Schimmer matronenhafter Mütterlichkeit. Bald regiert sie als größte der Puppen in der Ecke. Elisabeth gehört dazu, sie ist zu einer Art Großmutter aufgerückt, durch Leid und Einsamkeit geläutert. Sie wird geliebt, von den anderen Puppen fühlbar anerkannt und strahlt von Tag zu Tag mehr gütige Autorität aus.

»Ein Rosenwunder ist es zwar nicht«, bemerkt Dorli, »aber es ist ein Bärenwunder.« Sie ist durch das siegreiche Überwinden ihrer Antipathie wie von einem Druck befreit.

Regine nickt ernsthaft und fügt hinzu: »Was ein Name doch ausmacht! Unsere Elisabeth wirkt nun schon fast heilig.«

Spielt dem Regentag ein Lied

Ist Salzburg nicht eine bezaubernde Ferienstadt? Darum hat der Familienrat beschlossen, diese Stadt für den ersten gemeinsamen Urlaub zu wählen. Denn nun hat auch Äpfele die »Reisefähigkeit« erlangt, wie Regine meint. Daß Dorlis zehnter Geburtstag gleich auf den ersten Tag des Aufenthaltes dort fällt, erhöht die Vorfreude.

Die Anreise im vollbesetzten ›Alexander‹ verläuft reibungslos. Auch Äpfele hält, der neuen Würde eingedenk, die lange Autostrecke tapfer und ohne Launen durch.

Bei der Einfahrt am Abend liegt die Stadt in warmem Sommerglanz, die Feste Hohensalzburg funkelt in der scheidenden Sonne. Die Getreidegasse mit ihrem vielfarbigen Menschengewimmel und dem weichen, einschmeichelnden Dialekt ihrer Bewohner entfaltet einen südlichen Charme. Draußen bei Hellbrunn wartet, auf einer freien grünen Wiese nahe der Salzach, die bestellte Familienpension. Auch dort entwickelt sich alles wunschgemäß für die reisemüden Gäste. Das helle Zimmer hat einen geräumigen Balkon, sämtliche Gäste sind auserlesen liebenswürdige Menschen und bei dem guten Wetter natürlich in strahlender Laune.

Wie ein Traum versinkt der Abend hinter

den nachtblauen Gebirgsketten. Die Stunden sind zu schön, als daß man sie verschlafen könnte. Deshalb sitzen die Eltern noch lange auf dem Balkon zusammen und schmieden einen Tagesplan für Dorlis Geburtstag. Jedes der Kinder, so ist es nach ihrem Sinn, soll einen besonderen Wunsch erfüllt bekommen. Regine möchte mit der Seilbahn zur Burg. Danach geht's mit Dorli zum Schloß Mirabell und mit dem musikalischen Äpfele in Mozarts Geburtshaus. Karten für eine Festaufführung der ›Zauberflöte‹ wird man sich besorgen, und am übernächsten Tag soll's tiefer in die Berge gehen – oder gar nach Wien.

Immer neue Pläne entstehen, und bis lange nach Mitternacht liegen die Eltern in der Vorfreude auf den folgenden Tag noch wach.

Aber mit dem heraufdämmernden Morgen fängt es in den Dachrinnen an zu glucksen. Alle Gäste wachen davon auf. Ein Regenvorhang fällt vor den Fenstern nieder, es klatscht auf den Balkonen; die Welt wird düster. Während des Frühstücks im Speisezimmer der Pension werden die unternehmungslustigen Leute des Vorabends zu gelangweilten, griesgrämigen Geschöpfen. Sie schleichen fröstelnd umher; niemand weiß recht, wo er bleiben soll. Das Ferienhaus ist für Sonnentage gebaut. Auch Dorli findet nur einen schwachen Trost. »Zum erstenmal in meinem Leben regnet es an meinem Geburtstag, das ist immerhin eine Abwechslung.«

Regenstunden mit drei lebhaften Kindern in einer engen Pension – man muß schon ein fortgeschrittener Lebenskünstler sein, um diese Situation würdig zu bestehen.

Schließlich holen sich die Eltern ein paar Bücher und verkriechen sich wieder in die Betten. Dort ist es wenigstens warm. Die Kinder beschäftigen sich selbst. Allen dreien ist die glückliche Eigenschaft angeboren, daß sie sich nie langweilen. Die heranwachsende Regine zeichnet mit Buntstiften das Ulmer Münster und die Frauenkirche in München; sie hat beide auf der Fahrt erstmals erlebt und ist stark beeindruckt. Äpfele hat sich aus Stühlen und Bettstücken eine Wohnung gebaut und spielt Kaufladen. Dorli packt ihr Nähkörbchen aus und häkelt »schnell geschwind« mit riesigen Maschen ein Jäckchen für ihre viel zu sommerlich gekleidete Puppe.

Das Rauschen des Regens verschlingt die kleinen Geräusche im Zimmer. Die Eltern sind vielleicht auch ein wenig müde von der anstrengenden Reise des Vortages, jedenfalls schlummern sie ein.

Als die Mutter zwischendurch wieder zu sich kommt, beschäftigen sich die Kinder immer noch leise und rücksichtsvoll. Nur – Dorli fehlt. In einem unbeobachteten Augenblick mag sie aus dem Zimmer geschlüpft sein. Auch nach Ablauf einer Stunde kehrt sie nicht zurück. Das mütterliche Gewissen beginnt zu arbeiten. Am Ende ist Dorli bis in die Küche vorgedrungen und hält die Köchin bei der Arbeit auf?

Ihr Regencape hängt nicht am Garderobehaken. Wie kann man nur bei solchem Wetter vor die Haustür! »Bei Dorli ist kein Ding unmöglich«, murmelt der Vater und döst weiter. So holt sich denn die Mutter Schirm und Mantel. Weit kann das Kind ungefragt nicht gegangen sein, das widerspricht seinem Wesen.

Draußen peitscht ihr der Regen ins Gesicht. Die Wege sind aufgeweicht. Drüben, über der Wiese, rauscht die Salzach. Sie ist ein temperamentvoller Gebirgsfluß, der sich über jedes schlechte Wetter erregt und beim Näherkommen das Rauschen des Regens noch übertönt. Sollte Dorli ... Einen Augenblick stockt der Mutter das Herz. Aber da – ein paar verwehte Flötentöne! Sieh dort, am Geländer einer schmalen Holzbrücke lehnt mit hochgeschlagener Kapuze das kleine Mädchen, den aufgespannten Regenschirm als Dach mit Häkelgarn an einen Holzpfahl gebunden. Sie flötet.

»Ich spiele dem Regentag ein Lied, Mutter«, sagt sie lächelnd. »Kann denn der Tag dafür, daß er so grau ist? Von keinem bekommt er ein gutes Wort, von keinem einen freundlichen Blick. Und ein Lied gleich zweimal nicht. So will ich ihm eins flöten, weil ich doch heut Geburtstag habe. Und im Regen klingen die Melodien so hübsch. Hör mal! Meine falschen Töne merkt man gar nicht.«

Die Salzach orgelt den Baß, der Regen schlägt den Takt, das blühende Kindergesicht schimmert im Glanz der Tropfen. Und der Regentag bekommt seine Lieder. »Kuckuck, Kuckuck, ruft's aus dem Wald ... Alles neu macht der Mai ... Vögel singen, Blumen blühen ...« Es sind lauter Lieder von Sommer und Sonne, von Licht und Frohsinn.

»Wenn man die Augen schließt, klingt alles noch schöner, findest du nicht, Mutter?«

Wirklich, im Lande der ›Zauberflöte‹ wandeln sich Töne und Klangfarben. Man spürt, wie der Regentag sich freut. Man entdeckt, wie das trostlose Grau lebendige Schattierungen und Konturen besitzt. Eine Kinderflöte entlockt dem Tag neue, feine Zwischentöne. »Schläft ein Lied in allen

Ich interessiere mich besonders
für Bücher aus folgenden Sachgruppen:

- ❑ **Literatur**
- ❑ **Sachbuch / Themen der Zeit**
- ❑ **Taschenbücher**
- ❑ **Theologie / Glaubensinformationen**

An den
Quell Verlag Stuttgart
Postfach 10 38 52

70033 Stuttgart

Wenn Sie uns diese Karte mit Ihrer Adresse versehen zurücksenden, informieren wir Sie gerne regelmäßig über das Programm und die Neuerscheinungen aus dem Quell Verlag.

Diese Karte entnahm ich dem Buch:

____

Name __________________________

Straße _________________________

Ort ___________________________

Als Einsender dieser Karte nehmen Sie an der monatlichen Verlosung von drei Büchern aus dem Quell Verlag teil.

Wir wünschen Ihnen viel Glück!

Dingen ...« Es ist eine schwermütige, verhaltene Melodie, aber sie verrät eine Zartheit, wie ein kristallklarer, lauter Sonnentag sie nie erreicht.

Spielt dem Regentag ein Lied – und er wird euch das seinige schenken.

Beglückt beugt sich die Mutter tiefer und schlüpft unter den Schirm. Da unten ist gut sein. Dieser junge Mensch – läßt er hier von ferne die Melodie seines Lebens anklingen? Was kann einem schon widerfahren, wenn man dem Regentag ein Lied ablauschen möchte? Selbst in die trübste, bangste Stunde wird man so lange lockend hineinhorchen, bis sie ihre lichten, hellen, guten Töne offenbart.

Nun denn, Dorli, spiel weiter am Lied deines Lebens. Bald werden die kleinen Melodien dir nicht mehr genügen. Du wirst das Kinderland auf immer verlassen. Neue, fremdartige Töne wachen dann auf. Wird es dir gelingen, sie auch weiterhin so sicher zu einer harmonischen Melodie zusammenzufügen? Wir wollen vertrauen. Denn wem selbst die verregnete Stunde ihre Schönheit enthüllt, der besitzt den Zauberschlüssel wider alle grauen Tage.

Nachwort Dorlis

Und was ist nun aus Dorli geworden? Nun, was soll schon aus ihr geworden sein? Eine Mutter von drei lebhaften Kindern! Diesmal sind es zwei Buben und ein kleines Schwesterchen. Die Kinder sind gerade in dem Alter, in dem die Eltern schwierig werden. »Aber da mußt du eben durch, Mutsch, andere Eltern müssen das auch. Sei froh, daß du es mit uns so gut getroffen hast!«

Welche Mutter könnte sich diesem schlagkräftigen Argument entziehen?

Der Zugwind der Zeit prägt freilich auch Dorlis Familienalltag, und so hat vor kurzem ein Computer im Kinderzimmer Einzug gehalten. Ein liebevoller Patenonkel hat Dorlis innerem Ringen zwischen Anpassung und Widerstand ein beherztes Ende bereitet. Aber zu Mutters großer Erleichterung durfte das Märchenbuch seinen angestammten Platz behalten, und lebendige

Spielkameraden haben weiterhin mehr Anziehungskraft als flimmernde Mattscheiben. Und es wären nicht Dorlis Kinder, wenn sie nicht ihre Mitbewohner zu einem lebendigen Miteinander herausfordern würden. So läßt ein Frühlingspfiff vom Spielplatz unten und das unüberhörbare metallische Anschlagen von Sandschaufeln ein Kindergesicht nach dem anderen über die Balkonbrüstung schauen. Wunderbare Welt im Jahr 2000? Ob diese Kinder es schaffen, sich ihre Lebens- und Spielräume zu erhalten?

So wird Dorlis Zauberschlüssel wider die grauen Stunden wohl weiterhin dringend gebraucht, und sie läßt es sich nicht nehmen, das Land der Kinder mit der Seele zu suchen.

Die Autorin

Charlotte Hofmann-Hege wurde 1920 geboren und wuchs auf der Domäne Hohebuch im Hohenlohekreis auf. Nach Abitur und Ausbildung zur ländlichen Hauswirtschaftsleiterin folgte sie der früh verstorbenen Mutter im elterlichen Lehrbetrieb nach.

1949 heiratete sie Pfarrer Helmut Hofmann und wurde Mutter von drei Kindern. Danach engagierte sie sich vor allem in der ländlichen Erwachsenenbildung. Sie ist Autorin mehrerer Bücher.

Im Quell Verlag erschienen: »Mutter« und »Heimkehr«.

Weitere Bücher aus der Kleinen Geschenkbuchreihe

Marie-Luise Thielicke
Aus meiner Kinderzeit

Wie lebte eine neunköpfige Pfarrfamilie vor achtzig Jahren auf dem Dorf? Man stelle sich allein die Mengen an Brot und Butter vor, die eine so große Familie brauchte. Dazu die Berge von Wäsche! Mit besonderer Liebe erzählt Marie-Luise Thielicke von ihrer italienischen Mutter, die als »Ausländerin« keinen leichten Stand hatte. Doch ihre temperamentvolle, offene Art hat Marie-Luise Thielicke für ihr weiteres Leben geprägt.

Hildegard Pfaff-Henning
Die fliegende Hebamme

Dieses Buch gibt einen liebevollen Einblick in die Welt einer Dorfhebamme. Mit viel Improvisationstalent, Mut und Humor holt sie die kleinen Kinder auf die Welt. Ein spannendes, unterhaltsames Stück Frauengeschichte.

Weitere Bücher von Charlotte Hofmann-Hege im QUELL VERLAG

Mutter

In diesem Buch schildert Charlotte Hofmann-Hege die »Geschichte eines erfüllten Lebens«: Julie Hege (1886–1940) gehört zu den Pionieren der Landfrauenarbeit. Eine Frau mit Engagement in der christlichen Gemeinde und aktiv in der Öffentlichkeit – dieses Beispiel ist auch heute noch gegenwärtig und lebendig.

Heimkehr

Erzählung aus der Nachkriegszeit

Liebe nach dem Krieg – die Lebensreise einer jungen Frau 1948. Eine Bäuerin erzählt einem Studenten aus ihrer Jugend damals, vor 40 Jahren. Sie liebte einen jungen Soldaten, der erkrankte. Um ihn zu begleiten, kam sie aus der Geborgenheit ihres Dorfes in eine Welt der Zerstörung und der Massenflucht. Von fremden Menschen erfuhr sie Vertrauen und Mißtrauen. Heute erzählt sie, damit ihre Erfahrungen nicht vergessen werden.